А. В. Коржуев,
Ю. Б. Икренникова

ПЕДАГОГИЧЕСКИЙ НАУЧНЫЙ ДИАЛОГ: «НЕВЗИРАЯ НА КАМНИ И МЕЛИ...»

EurAsian
Scientific Editions Ltd

Tallinn, 2022

ISBN 978-9916-9745-0-6

А. В. Коржуев, Ю. Б. Икренникова
Педагогический научный диалог: «невзирая на камни и мели…» – Таллин: EurAsian Scientific Editions Ltd, 2022. – 226 с.

Книга для научных работников в области образования и педагогики, для соискателей учёных степеней по педагогическим наукам, бакалавров и магистрантов образования (педагогических и классических университетов), преподавателей, повышающих профессиональную квалификацию в области образования. Для всех, кого интересует научный диалог.

ISBN 978-9916-9745-0-6

www. eurasian-scientific-editions. org

ОГЛАВЛЕНИЕ

Уважаемый читатель, если Вы начинающий научную деятельность в области исследования образования или опытный учёный, прошедший огни и воды научного поиска, то этой книгой мы хотим поделиться с Вами. Она посвящена всем сторонам научной педагогики, поскольку диалог – её неотъемлемая принадлежность, её суть и смысл. Вопросы, ответы, размышления о сделанном и предполагаемом, трудные и многотрудные, простые и сложные, – всё это либо уже вам знакомо, либо то, с чем познакомиться предстоит. У Вас, быть может, уже сложилось своё представление обо всём этом, либо его предстоит понять, – в любом случае мы поделимся с Вами нашим опытом научной работы, включим в диалог с нами, предложим свои советы и новые вопросы. Мы старались построить содержание так, чтобы Вы захотели на них ответить.

Книга рассчитана на широкий круг читателей. Докторанты и аспиранты по педагогическим наукам найдут в ней конкретные ориентиры, связанные с технологиями выполнения своих диссертационных работ. Магистранты и обучающиеся по программам бакалавриата познакомятся с тем, что такое педагогическое научное исследование и как оно осуществляется. Научные работники в области педагогики и частных методик получат пищу для осмысления и раздумий, выразят свою поддержку или несогласие. Практики исследовательского поиска, как, впрочем, и все другие потенциальные пользователи, ознакомятся с конкретными исследовательскими процедурами и перечнем методолого-педагогической литературы, в которой различные аспекты и ракурсы педагогического исследования с разной степенью подробности освещены.

Формируя содержание книги, мы сознательно использовали приём сочетания строгого научного стиля с элементами популярно-публицистического – это наша принципиальная позиция, ориентированная на приоритет «живого знания» над труднопонимаемым академичным. Мы надеемся, что нас правильно поймут и оценят не только начинающие знакомиться с поисковой деятельностью читатели, но и профессионалы исследовательского поиска. Для того чтобы облегчить чтение, мы снабдили каждый параграф внутритекстовыми выделениями важных подразделов жирным шрифтом.

Если Вы хоть сколько-нибудь заинтересовались предлагаемой темой, в добрый путь!

ГЛАВА 1.
ИССЛЕДОВАТЕЛЬСКОЕ ВЗАИМОДЕЙСТВИЕ И ЛОГИЧЕСКИ КОРРЕКТНЫЙ НАУЧНО-ПЕДАГОГИЧЕСКИЙ ДИАЛОГ

Традиционный для сегодняшней психологии контент рефлексии проявляет включённость в неё: а) оценки субъектом (в нашем случае субъектом научного педагогического познания) результатов собственной исследовательской деятельности и собственных когнитивных конструкций; б) аналогичной оценки педагогом-исследователем коллег по исследовательской (проектной) деятельности; в) попыток «видения» себя-исследователя глазами окружающих – с целью осмысления собственных результатов, продуктивной коррекции своих мыслительных стратегий, приближения к кодированному социумом логико-гносеологическому эталону. Мы надеемся, что читателю очевидна имманентная *диалоговая составляющая* такой деятельности, включающая реальный диалог с научным социумом; диалог виртуальный, например, с использованием средств интернет-коммуникации или заочный диалог с автором читаемого бумажного текста и наконец, мысленный диалог исследователя с самим собой. Это обусловливает контент и логику нашего дальнейшего изложения.

1. 1. Диалог в педагогическом поиске в зеркале общенаучной методологии

Мы сейчас начинаем разговор про диалог и отмечаем, что он пойдёт в русле научной рефлексии. Это такая стратегия деятельности, которая позволяет осмыслить её планирование, а также результаты, соотнести их с тем, что было достигнуто ранее, наметить планы по их коррекции.

Зачем нужна рефлексия педагогического поиска? Педагогический поиск сегодня ещё не является логически и содержательно завершённым фрагментом метатеоретического знания, – это весьма «рыхлая» структура, получающая в свой адрес множество раскрывающих версий и подходов. Подтверждением тому являются многочисленные нарекания в адрес педагогики – науки и области научного поиска – со стороны представителей математики, физики и других областей естествознания, с одной стороны. Это дополняется массой теоретических проблем педагогики и вытекающих из них проблем практических, очевидных любому, кто соприкасается с образованием. В этот круг включаемы даже школьники и студенты, как и обучающиеся взрослые. Потому следует признать, что научный и образовательный социум сегодня не устраивает как *результат* педагогического поиска, так и *процесс* его проведения. Это относится к педагогическим книгам, к материалам конференций, к статьям, к педагогическим диссертациям. В первом приближении потому, что эти продукты содержат массу примеров исследования и результата псевдонаучного, априорно настроенного на заранее заготовленный финал, проявляющего методологическую безграмотность авторов, недобросовестность при анализе литературы, цитировании, нарушения логики неграмотную математическую обработку результатов эксперимента. *Науковедческая или методологическая рефлексия* как раз и призвана выявлять рамку соответствия педагогического поиска гуманитарным методологическим канонам, обосновывать права его принадлежности к полю прикладного научного исследования. Такая научная рефлексия направляет свой взгляд на корректное обозначение авторами предмета и объекта исследования, его проблемы, гипотезы, на особенности временно́го развёртывания исследования; на правомерность использования методов и инструментов, на правильность интерпретацииполучаемых результатов, на уместность форм их представления научному сообществу и практическому образованию. Эта рефлексия способствует постепенному приобретению педагогикой и её методологией прав на научное признание. Оно сегодня остро необходимо этой области знания, поскольку ей присвоена задача трансляции обучающемуся поколению детей и взрослых духовного потенциала нации, от решения которой зависит будущее человечества.

Особо такая рефлексия должна быть настроена на анализ научных диалогов в сообществе учёных-педагогов и так или иначе привлекаемых к педагогическому поиску практиков образования.

Поскольку научный диалог включён в педагогическое исследование на всех его этапах и стадиях, поскольку он является формой научного существования автора или коллектива учёных.

Диалог в научном педагогическом исследовании: предварительный срез. Мы начнём с тезиса «*диалоговая позиция педагога-исследователя*» и обратим внимание на диалогичность как свойство человеческой жизни, средство и механизм общения людей. «Жить – значит участвовать в диалоге»,– утверждает И.Н. Калинаускас.Эту идею мы находим и в сочинениях Э. Гуссерля: «Искусство жить состоит в искусстве диалога. Человек, владеющий этим искусством, владеет своей жизнью, интегрируется в жизненный мир» [36]. Идея диалога ассоциируется и с именем Сократа, который «изобрёл» механизм прояснения палитры окружающего мира посредством включения в диалог. Сегодня педагогам-исследователям известны и другие имена философов и мыслителей, чьи сочинения посвящены диалогу: это Н. Кузанский, С. Франк, А.Ф. Лосев, В.П. Зинченко и многие другие. Их краткий срез позволяет утверждать, что диалог имеет социальную природу, поскольку реализует фундаментальную потребность человека в общении с окружающим миром.Он конкретно воплощается во взаимодействии и сотворчестве людей разных поколений и статусов, он участвует в формировании у людей культуры жизненного самоопределения, возможности конструктивно пользоваться собственным интеллектом как инструментом осознания и познания окружающего мира, понимания своего места в нём и определения собственного жизненного пути.

Следующий тезис связан с идеей диалогичности самого научного знания и выбора инструментов для его открытия, – всё перечисленное является результатом соприкосновения, контактаучёного и интересующей его «тайны»окружающей действительности. Не является неожиданным открытием и то, что научная мысль, открытие, даже озарение, как правило, не рождаются в сознании какого-либо «отстранённо от мира» существующего исследователя. Всё это возникает в процессе его интеллектуального взаимодействия с окружающим научным социумом, который совместно с исследователем посвящает себя поиску истины. Исследовательский диалог обладает специфической структурой:его предмет всегда содержит в себе значимую и нетривиальную неопределённость, которая имеет тенденцию к понижению (а иногда и наоборот, к повышению) в процессе исследовательского взаимодействия. Уточнение в скобках означает, что диалог часто открывает участникам новые неопределённости, новые неизвестные свойства и особенности обсуждаемых объектов и феноменов.

Участие в педагогическом научном диалоге как норма неизбежно формирует у учёного и умения выстраивания диалога с самим собой, умения корректно задать вопрос окружающему педагогическому миру и конечно, приёмы поиска ответов на него в процессе наблюдений, анализа феноменов педагогического поля, поиска научных фактов, построения объяснительных и предсказательных научных гипотез и их проверки в эксперименте.

Теперь проиллюстрируем методологический скрин научного диалога на содержательном поле педагогики на двух примерах. Первый будет связан с диалогом педагогической теории и практики. Проблемный формат (основание для начала диалога) темы достаточно ясен: результаты теоретических исследований учёных-педагогов в практику образования внедряются очень непросто, воспринимаются неоднозначно, а иногда к контакту с«жизнью» оказываются непригодными. Мы уже обсуждали в наших ранних книгах и статьях абдуктивную модель развития науки[25]. В рамках этой модели учёным выдвигается последовательный ряд теоретических гипотез, происходит последовательная проверка степени их соответствия (и конечно, несоответствия) результатам эксперимента. При этом на каком-либо этапе эта степень соответствия устраивает авторов, хотя возможность продолжения ряда гипотез, конечно, не отвергается. Такой подход мы обозначили как наиболее перспективный для развития педагогики. Однако, как это часто случается, такой точке зрения нашлись обоснованные возражения.

Одну из них предлагает известный философ и логик Г.П. Щедровицкий. Он считает, что «сила такой установки: сделаем теоретический проект, посмотрим, как он работает на практике, если плохо, то выбросим, – анахронизм, оставшийся от тех времён, когда люди в своей созидательной деятельности имели дело только со сравнительно простыми системами. Теперь при работе со сложными системами можно действовать только одним способом – заранее всё рассчитать и проверить, а на практике действовать уже наверняка.

По отношению к различным предложениям, касающимся плана построения педагогической науки, нужно выяснить, удовлетворяют ли они общим логическим принципам и общим представлениям об объекте педагогики – системе обучения и воспитания[1]».

Наш ответ оппоненту примерно таков: вред от внедрения в образование даже *хорошо «просчитанных»* теоретических проектов (не сработает – выкинем) имеет массу примеров. Потому предлагаемый к внедрению в практику теоретический проект (инновационная разработка, технология, обучающая или воспитывающая методическая схема) ещё до полноценного применения должен пройти скрупулёзное и детальное обсуждение в теоретическом и прикладном аспектах, и лишь потом претендовать на внедренческий статус. Однако, такое обсуждение не должно фокусироваться лишь на предлагаемых Г.П. Щедровицким общелогических принципах и объекте педагогики (закономерности образования, обучения и воспитания, управления познавательной деятельностью и т.п.). Оно должно востребовать опыт и выводы из предшествующей обсуждаемому этапунаучно-педагогической деятельности исследователя (или исследовательского коллектива), на подробном предварительном мысленном эксперименте, наконец, на результатах эксперимента пробного, пилотного, в процессе которого с максимальной степенью осторожности тестируются элементы предлагаемой инновации. И конечно, на этом этапе присутствуют выводы прогнозного характера о возможности дальнейшего внедрения предлагаемого нового с той или иной корректировкой. Мы не склоняемся и к выводу Г.П. Щедровицкого о сложных системах, с которыми собирается иметь дело педагог-исследователь – для такой системы и теоретический предварительный «расчёт» гораздо сложнее, чем для системы относительно простой. Ко всему прочему, в педагогике такие системы живые – это добавляет массу трудностей на этапе формализации и интерпретации результатов. Потому, конечно, мы как непреложность обозначаем целесообразность и право образовательной практики на коррекцию и модификацию изначального теоретического проекта. Мы признаём право

---

[1] Щедровицкий Г.П. Система педагогических исследований. Методологический анализ. В сборнике: «Педагогика и логика». – М., 1993. – 421 с.

практики на формирование тех или иных вызовов и корректировочных посылов первичным теоретическим схемам.

Второй обещанный выше пример диалога будет связан с многопозиционным диалогом по поводу соотношения теоретического и прикладного в науке вообще и в педагогике в частности. Предложим вниманию читателя четыре нам известные и зафиксированные в литературе позиции. Позиция *первая* утверждает, что фундаментальные и прикладные исследования развиваются самостоятельно, независимо друг от друга. Позиция *вторая*: прикладная наука сегодня – это фундаментальная наука вчерашнего дня; при этом важно то, что фундаментальная наука «помещает» прикладное исследование в методологическую корректную рамку. Здесь вспомним мнение Б.И. Пружинина о том, что прикладная наука может продуктивно развиваться только в связке с фундаментальной, сама по себе наука прикладная особой культурной функции не выполняет[2]. Позиция *третья*: отнесение результата к области фундаментального или к области прикладного в значительной степени зависит от методологической установки самого исследователя[3]. Наконец, позиция *четвёртая*: нельзя провести корректное разделение исследований на чисто фундаментальные и чисто прикладные, в большинстве случаев каждому учёному приходится вести и фундаментальные, и прикладные исследования; фиксируется также сближение одного и другого типов исследований.

Такова найденная нами палитра мнений методологов по поводу соотношения фундаментального и прикладного. Наше мнение следующее: сам вопрос о разделении (соотнесении) фундаментального и прикладного *принципиального значения в исследовательской практике не имеет*. Гораздо более важны исследовательские проекты, планы их реализации, выдвинутые рабочие гипотезы, проверочные инструменты, интерпретация полученных результатов, сопровождаемые интересной конкретикой, придающей каждому проекту свой неповторимый колорит и интеллектуальный рисунок. Если же всё-таки разделить

---

[2] Пружинин Б.И. О пользе фундаментальности, или быть ли в России большой науке//Вопросы философии, 1996, №12. С. 133

[3] М.В. Рац. К вопросу о фундаментальном и прикладном в науке и образовании // Вопросы философии, 1996, №9. С. 169

в педагогике прикладное и фундаментальное, то ко второму относятся педагогические теории и теоретические построения, концепции, исследовательские подходы, основополагающие идеи в области обучения, так или иначе впитавшие в себя идеи философии и психологии. К прикладному в педагогике относятся методики и технологии обучения и воспитания, методические разработки, руководства, инструкции и рекомендации, весь учебно-методический инструментарий, создаваемый педагогами-исследователями для практического социума.

Изприведённых выше двух примеров ясно, что сама педагогика сегодня находится на длительном пути обретения своего неповторимого научного портрета. Само педагогическое знание и методы научного и практического поиска в области образования содержат множествопозиций, обозначенных пока весьма «рыхло», эскизно. Это обусловливает *имманентную включённость диалога во все этапы исследовательского процесса.*Здесь в качестве противопоставления научному диалогу мы обозначим *научный монолог* –неконструктивный, отстроенный от внутренней и внешней рефлексии способ «научной жизни», в большинстве случаев к значимому результату не приводящий. Перейдём далее к предмет-объектной конкретике педагогического диалога.

Предмет педагогического диалога – предварительное обозначение. В первом приближении отметим, что предметом диалога является содержание педагогической науки. В самом широком смысле: начиная от выводов конкретного исследователя на предмет соответствия разработанных им подходов, методик и технологий и результатов их внедрения социальному заказу и заканчивая отражением в педагогическом знании той или иной философской идеи. Предметом научного диалога в педагогике является и всё то, что связано с педагогическим поиском. Например, диалог по поводу планируемого автором исследовательского маршрута, включающий оценку нетривиальности ожидаемого результата, его практической значимости для образовательного социума и логико-гносеологической корректности. Например, если дискутируется влияние посещаемости студентами занятий на успеваемость, то участники диалога должны предполагать, что ожидаемая положительная корреляция может и не проявиться. Не посещающие лекций по гуманитарным дисциплинам студенты могут вполне успешно осваивать материал самостоятельно, а посещающие могут оказаться не способными осилить предлагаемый учебный контент и провалить экзамен.Предлагаемые для экспертизы исследовательские сюжеты проблематизируются и с точки зрения теоретической и практической *актуальности* выбранной темы и ожидаемого результата.

Вполне понятен в связи со всем изложенным и диалог по поводу применяемых его участником обоснований выдвигаемых суждений и умозаключений. Диалоговое сообщество думает о том, насколько обоснована адресация к мнению того или иного авторитета от педагогики, насколько корректен вывод из этого мнения, насколько репрезентативна выборка для эмпирического исследования. А также дискутируется то, насколько выдвинутое эмпирическое обоснование теоретически нагружено, насколько подтверждён тот теоретический сегмент, который используется автором для обоснования предлагаемых участникам диалога выводов. Также вполне понятен диалог по поводу корректности педагогических определений. В этом случае проблематичен перечень признаков образовательногообъекта или феномена в правой, раскрывающей части на предмет полноты, а также выбор автором исходной теоретической сетки, на основе которой будет конструироваться определение.

Одним из предметов серьёзного современного научно-педагогического диалога является возможность представить в педагогике теоретическую форму: возможна ли такая форма для всей педагогической науки в целом или есть смысл рассматривать педагогику как совокупность частных теорий (теория личностно ориентированного подхода, теория исследовательского обучения, теория проблемного обучения и т.п.), или теоретическая форма нецелесообразна вообще и есть возможность ограничиться более «мягкой» категорией – концепция. В теоретической педагогике участники диалогов дискутируют сегодня возможность и целесообразность включения в научный обиход термина «*предметно-научная педагогическая реальность*». Дискутируются её отличия от наблюдаемой *педагогической действительности*, принадлежность того или иного её элемента классу *педагогических событий* или *научных фактов*. В диалогах обсуждается также возможность конструирования в педагогике идеализированных объектов, целесообразность применения в сфере образования операций формализации, дефинитивной или математической (возможность представить изучаемый феномен математически, в виде параметров или функций зависимости тех или иных величин от времени, в виде временно́го ряда или корреляционного поля). Также предметом диалога в научной педагогике является её практический контент: целесообразность и результат применения той или иной обучающей (воспитательной) методики или технологии, сегмент образования, где она может быть эффективна, степень её конструктивного отличия от традиционных методик.

В этом разделе книги мы считаем необходимым коснуться одной из трудностей педагогического научного диалога – она связана с имманентной включённостью в диалог обыденного знания (1), теоретически-концептуального категориального знания (2) и знания, аккомпанированного различными символами (3), а также знания из области искусства осуществлять сложную деятельность, соединяющую рациональное начало, инсайты и интуицию. Вполне возможно, что один участник педагогического диалога строит свои доводы и аргументы на платформе обыденного здравого смысла, повседневной рутинной педагогической реальности. Другой участник подчиняет свои рассуждения теоретическим схемам, рассуждает на категориальном языке философии, психологии и педагогики, третий аккомпанирует житейские и теоретические рассуждения различными символами. И такое перечисление можно продолжать бесконечно. Это обусловлено чрезвычайной сложностью образов объектов педагогического мира, соединяющих: а) цепочку созерцаний, повседневных педагогических впечатлений, принадлежащих чувственному уровню познания; б) очевидные констатации и цепочку суждений, принадлежащих уровню эмпирическому; в) умозаключения о причинах и механизмах наблюдаемого, принадлежащие уровню теоретическому. Практический ярус педагогической «жизни» даёт исследователю, участвующему в научном диалоге, стимул для эмпирических выводов, последующих теоретическо-концептуальных построений, в той или иной степени абстрагированных от первоначальных чувственных представлений, категоризирующих наблюдаемую реальность. Это, в частности, проявляется в фиксировании исследователем различий между событием педагогической действительности и педагогическим научным фактом, отображающим это событие на категориальном языке и обозначающим степень его распространённости в логике единичного, особенного и общего. Потому в каждом отдельном высказывании участника диалога, в той или цепочке высказываний, как правило, представлена палитра житейского здравого смысла, его категориального описания, эмпирических обобщений, тех или иных теоретических построений, обоснований собственных суждений (эмпирических, теоретических и контекстуальных), – всё это делает педагогический диалог неоднозначным и выводит на передний план тему *искусства диалога*.

Этот ряд проблем педагогического диалога может быть продолжен до бесконечности.Всем последующим содержанием книги мы это подтвердим, а сейчас обсудим педагогический диалог в контексте принятия его участниками различных исследовательских решений.

Поиск в педагогике в контексте принятия решений. Мы в последующем изложении раскроем этот аспект подробно, обсуждая исследовательское педагогическое взаимодействие и диалог как метод педагогического исследования, а сейчас представим предварительное, эскизное наше её видение.

Принятие решений происходит на этапе выбора автором темы предстоящего поиска, её самоэкспертирования. Здесь достигается понимание того, какие ресурсы придётся задействовать в процессе исследования выбранного образовательного поля, в состоянии ли автор осуществить всё требуемое сам или требуется командный формат работы, какие материальные средства и научные источники потребуются, есть ли возможность доступа к ним, наконец, имеется ли необходимый для работы над предполагаемой темой исследовательский ресурс и ресурс знания педагогики, методологии и родственных дисциплин или его придётся накапливать по ходу предстоящего маршрута.

Принятие решений в педагогическом поиске соотносится и с выбором конкретного маршрута для будущего поиска, и с осмыслением рубежных, промежуточных результатов, и конечно, с осмыслением результатов финальных. При этом из обширного перечня исследовательских методов педагогики мы выбираем метод экспертных оценок, востребующий мнения представителей научно-педагогического и практического образовательного социума, имеющих опыт разрешения противоречий и проблем, сходных с авторским ноу-хау. Если анализ этих экспертных мнений позволяет привести их к какому-то общему знаменателю, то ситуация сложной не является.Если же эти мнения существенно расходятся, то исследователю предстоит многотрудная дополнительная работа по их интерпретации и сведению к вразумительному единству, включающая попытки более чёткого раскрытия научному сообществу своего концептуального замысла, а также его прикладных, технолого-методических проекций. При этом ***многоракурсный диалог*** автора с научным и практическим социумом крайне желателен, как и осознание автором его результатов, служащее основой для принятия последующих решений и путей их реализации.

Одной из форм такого диалога является растянутый во времени ***заочный диалог*** автора поискового продукта с его читателями. Он может, например, происходить при анализе автором на основе данных базы elibrary цитирований учёными его трудов (статей, книг, публикаций материалов конференций).Сегодня эта общероссийская наукометрическая платформа позволяет пользователю проявить названия цитирующих его труды публикаций и открыть для некоторых из них полное содержание цитирующего материала. Оно показывает автору, насколько широко принимает его научное сообщество педагогов и представителей родственных наук, сколько просмотров той или иной статьи или книги произошло (такие данные представляет обсуждаемая нами сейчас электронная база), сколько авторов поместили работу в загрузки, какие цитирующие оценки представлены, как восприняло цитирующее сообщество содержание и смыслы, транслированные ему автором в исследовательском продукте, какие смысловые искажения произошли. Всё это позволяет понять, следует ли продолжать поиск в первоначальном направлении, какиеего сегменты целесообразно трансформировать, какие содержательные и/или логические элементы следует включить в последующие работы, чтобы повторно разъяснить то, что не было воспринято читателями адекватно исходному замыслу автора.

Если прикладной результат научного педагогического поиска воплощается автором в учебно-методическом продукте, то экспертная оценка принимает официальное оформление, включает официальное рецензирование, принятие коллективного экспертного решения (УМО или другие инстанции, имеющие юридические права на присвоение грифов и рекомендаций к использованию учебника или пособия). Полученная рецензия либо подтверждает авторское желание предъявить себя системе образования как автора учебника, пособия или руководства, либо отклоняет такое желание с рекомендациями по переделке продукта с последующим возвратом к экспертизе. Если исключить различные негативные сюжеты (коррумпирование, протекционизм и др.), то следует признать значимость и полезность такой экспертизы.Однако, сегодня есть возможность такие экспертирующие инстанции обойти, представив результат поиска напрямую его читателям. Масса издательских продуктов не рецензируются, и к таким относятся не только монографии, заранее неоднозначные и подлежащие пострецензированию, но и научно-справочные издания, формирующие тезаурусы по различным разделам педагогики. Последние предполагают степень ответственности авторов за предложенное содержание гораздо большую, чем монографии, поскольку они будут востребованы студентами университетов педагогических и других профилей, начинающими исследователями, только формирующими своё педагогическое видение окружающего мира.Погружение в хаос и авторскую безответственность в этом случае приносят пользователям большой вред.

Сегодня в эпоху развития информационно-компьютерных технологий скорость официального и неофициального экспертирования резко возрастает: автор поискового или методического текстового продукта может разместить его в социальных сетях (например, во ВКонтакте, в Фэйсбуке, в Инстаграмм и т.п.) и ожидать обратной связи с откликами и комментариями. Автор может разместить текст на личном сайте в сети Интернет и также ожидать различных комментариев читателей. Автор также имеет возможность разместить текстовый исследовательский продукт в личном блоге на сайте «Живой журнал» или на других новостных сайтах. Автор поискового продукта может общаться с читателями и рецензентами с помощью скайпа – приложения, обеспечивающего текстовую, голосовую и видеосвязь между компьютерами и их пользователями.

Рецензирующие диалоги в научном педагогическом сообществе связаны, в частности, с проблемой преодоления информационного шума. Это в простом пониманиитакой способ предъявления сообществу добытой информации, который сводит её суть и смысл к нулю, запутывает читателей, вводит их в различные заблуждения и способствует снижению авторитета педагогической науки. Например, если задаться важной для педагогического поиска проблемой *демаркирования педагогического знания*, формирования видения той или иной степени его целостности и отделённости от других областей (всецело поддерживая при этом идею открытости этого знания междисциплинарным вызовам и посылам), то следует обратиться к рецензированию педагогических словарей, которые сегодня достаточно часто публикуются различными авторами. Так, в «Словаре системы основных понятий педагогики» известного учёного-педагога А.М. Новикова[4] расшифровывается масса терминов, – как представленных в последних изданиях «Педагогической энциклопедии», так и отсутствующих там.Некоторые расшифрованные энциклопедиями термины компрессируются автором для более чёткого осознания их смыслов.

При этом исходя из названия словаря, чётко просвечивающего педагогическую область применения, мы считаем необходимым возразить автору по ряду позиций. Первая возражающая позиция будет связана с оценкой степени принадлежности задействованных терминов педагогическом полю. Здесь наблюдается явный диссонанс: многие раскрытые термины выходят за рамки образовательного поля. К их числу относятся такие, как «политическая идеология», «организационная культура», «опыт», «наука», «искусство», «уровни организации материи» и многие другие, к педагогике не относящиеся и даже скромной педагогической проекции в обсуждаемом издании не получившие. Смысл включения их в педагогический словарь остаётся непонятным, и раскрытие, предложенное в других, «профильных» словарях, с авторским взглядом А.М. Новикова не совпадает.

---

4 Новиков А.М. Педагогика: словарь системы основных понятий. Российская акад. образования, Ин-т теории и истории педагогики. – Изд. 2-е, стер. – Москва: Эгвес, 2013. – 267 с.

Вторая возражающая позиция связана с часто критикуемой, но не исчезающей из педагогического обихода полисемией: автором отождествляются самонаблюдение и самоанализ (это вызывает особую критику!), курс обучения отождествляется с учебным предметом и учебной дисциплиной, средства обучения отождествляются со средствами образовательной деятельности обучающихся, а также со средствами педагогического процесса, зачем-то вводится понятие *пожизненного образования* и тут же оно отождествляется с *непрерывным*. Зачем необходимо внесение такой путаницы в тезаурус педагогики, зачем, например, обучение и образовательная деятельность *расчленяются, а средства одного и другого отождествляются??!..*

Третья позиция, по которой мы считаем необходимым выразить несогласие, связана с раскрытием конкретных терминов. Например, автор пытается разделить *образовательное пространство* и *образовательную среду*. При этом специально отмечает, что термины не синонимичны, но близки...и вкладывает в понятие *образовательного пространства* совокупность субъектов и объектов, прямо или косвенно участвующих в образовательных процессах. В понятие *образовательной среды* систему влияний и условий формирования личности. Пытаясь расшифровать образовательную среду, автор предлагает её структуру: компоненты пространственно-предметный, социальный, психолого-дидактический. Как во многих других случаях, у автора три компонента не ставятся в один смысловой ряд, а главное – то, почему два понятия (пространство и среда) *объявляются близкими*, совершенно не ясно. Масса поводов для возникновения в сознании читателей жуткой путаницы, с которой всегда «боролся» сам автор, принявший решение увековечить свой словарь также *сам*, но забывший приписать в название: словарь авторской версии, **глубоко дискуссионный.** Информационный шум проявлен очень ярко.

Исследовательское рефлексивное взаимодействие, экспертиза результатов поиска и научный диалог. Масса проблем конкретики педагогического знания и поиска, обозначенных выше в данном параграфе, *добавляемы* терминологическим хаосом, полисемией понимания самих основ и основных тенденций развития педагогического знания, незавершённостью его методологии, непониманием связи теоретического знания и образовательной практики, резким понижением методологической культуры начинающих исследователей, слабой востребованностью педагогической литературы читательским сообществом, с одной стороны.И огромными массивами педагогической информации, часто труднодоступной и трудно воспринимаемой, – с другой. Это обусловливают идею значимости исследовательского взаимодействия и ***необходимость полиформатного диалога*** между субъектами педагогики (как науки и как практики), а также междисциплинарного диалога, острую необходимость его подробного научного исследования.

Здесь мы вновь возвращаемся ненадолго к проблеме **экспертизы** результатов поиска, теперь переводя её в формат *поискового результата защищаемого*. Это напрямую связано с только что обозначенным научно-педагогическим диалогом, – именно он является тем полем, которое заполняет экспертирование представленного сообществу педагогов-учёных и практиков результата поиска автора или коллектива авторов. Представляя эту тему начинающим авторам, мы даём им посыл: готовьтесь к вопросам, самым разным и непредсказуемым; педагогический научный социум задавать вопросы любит, очень часто экспертизу результатов ведёт достаточно жёстко. Мы сейчас попытаемся произнести такие вопросы, дать их примерную типологию.

Защищающий свой результат поисковик должен быть готов к вопросам по поводу собственного замысла и его конкретного воплощения в *ключе теоретическом*. К ним относятся вопросы о том, правильно ли автор понял смысл философских идей и психологических концепций, его педагогический результат поддерживающих. Как и вопросы о том, не является ли та или иная концепция происхождения западного неверно переведённой на русский язык, источником для автора-педагога фальсифицированным, псевдоисточником. И конечно, вопросы о том, как конкретно выбранный в качестве теоретической основы педагогического замысла фрагмент философского, психологического или историко-педагогического знания опосредует педагогические решения, «выведенные» автором поиска: а) на уровне решения в образовательном социуме вопроса, адресованного ему философией; б) на уровне реализации идеи психологической в содержательно связанной с ней области обучения или воспитания; в) в каком статусе была эта теоретическая идея в момент её «открытия», признало ли её научное сообщество, возразило ей или признало как позитивную; как эта идея отображается в современности (забытое старое; некогда актуальное, но «отзвучавшее»; получившее новое содержательное звучание в современности) или на каком-либо другом уровне. Например, второе подразделение можно проиллюстрировать на примере работ автора, представляющего проблему формирования понятий у обучающихся в процессе изучения какой-либо дисциплины на основе концепции Академика РАО А.В. Усовой. Вопрос от научного социума автору может звучать так: насколько выбранная Вами теоретическая основа согласуется с известными фундаментальными психологическими исследованиями, например, с теорией формирования понятий Л.С. Выготского, является ли подход А.В. Усовой развитием «ранних» психологических идей или просто их конкретизацией на поле естественнонаучных дисциплин, а может быть, «отсекает» фундаментальную понятийную теорию в каком-то сегменте.

Не выдавая представленные вопросы теоретического плана как исчерпывающие весь возможный перечень, отметим, что исследователь-педагог должен ожидать от своих экспертов вопросов в *ключе практическом*: а) насколько вы уверены в том, что полученные вами различия показателей в группах контрольных и экспериментальных свидетельствуют в пользу выбранной методики и подтверждают гипотезу исследования; б) насколько готово педагогическое сообщество принять разработанную Вами идею и отражающие её методические решения к исполнению, какие требуются дополнения к квалификации педагогов, согласившихся реализовать ваши идеи, как их обеспечить; в) насколько внедрение разработанной Вами методики соотносится с решением множества других задач образования, не «затеняет» ли их Ваше ноу-хау. Наконец, возможен и вопрос о том, насколько полученный результат был автором ожидаем, какова разница ожидавшегося и достигнутого.

Очень часто автору результата поиска социум задаёт вопрос: почему *не рассмотрен* тот или иной подход, почему не цитируется тот или иной известный авторитет, почему не принимается во внимание та или иная традиция? Ответ на него существенно зависит от конкретной ситуации: спектр ответов начинается с «это не входит в задачу работы» – вплоть до «этот подход практически повторяется в работах… (такого-то автора), которые подробно были проанализированы».

Наконец, вполне обоснованно звучит вопрос предлагающему некий результат исследователю о том, почему он где-либо отвергает «себя прошлого», высказывает и защищает такие идеи, подходы и методики, от которых он некогда открещивался. Здесь автор обсуждаемого результата должен быть готов к обоснованию не только своих выводов к обсуждаемому моменту времени, но и к высвечиванию закономерного, обоснованногоотстранения от того материала, который он некогда публиковал.

Такие вопросы и ответы на них автора поиска опосредуют тот или иной финал: от отрицательного, зачёркивающего результаты поиска, – до полного его принятия. Два приведённых примера – крайние, редко проявляемые в педагогическом поиске, хотя, например, результат отрицательный не может быть зачёркнут – это тоже результат! Как минимум, он даёт серьёзный повод для осмысления автору: почему сообществом не принимается результат, есть ли это проблема негатива самого результата или его неправильного представления? Какие повторные диалоги экспертирующего характера целесообразны, как их организовать?

Обобщённый формат научного педагогического диалога и «честная» научная критика. Здесь мы считаем возможным предъявить читателю *обобщённый формат* научного диалога на педагогическую тему. Он включает в качестве исходной позиции *вопрос* научному сообществу (участникам диалога) о правомерности того или иного педагогического подхода к трансформации педагогической действительности, о продуктивности того или иного методического решения, о законности выдвижения той или иной психолого-философской основы выдвигаемого педагогического подхода и т.п. Поставленный *вопрос* опосредует те или иные *ответы* социума, возражения автора обсуждаемого педагогического подхода, новые ответы участников диалога – и так вплоть до некого финального решения той или иной степени определённости с возможным последующим возвращением к исходному вопросу или тому, что из него вытекает. В процессе такого диалога участники стараются соблюдать все правила логики, осуществлять корректные выведения следствий, выявления причин и условий, использовать адекватные возникающим диалоговым сюжетам способы аргументирования, не прибегать к замене тезиса в процессе обоснования или доказательства, выверять свои выводы на основе закона достаточного основания, а также соблюдать содержательную корректность в процессе дискуссий.

Здесь необходимо заострить внимание на том, что в процессе научного диалога (в грубом приближении) происходит защита собственной позиции одними участниками и опровержение другими, – потому необходимо точнее обозначить, какие корректные аргументы приводят друг другу оппоненты, начав с проблемы «честной» *научной критики*. Она включает ряд процедур, среди которых, например, эмпирическое опровержение довода оппонента, отражаемое формулой: те факты, о которых Вы говорите, не проявляются в педагогической действительности; Ваш вывод основан на недостаточной базе фактов и потому ошибочен, является распространённым заблуждением. К эмпирическим опровержениям относятся и такие сюжеты, в которых один участник диалога приводит тезис об успешном усвоении студентами какого-либо раздела учебного курса, а оппонент как возражение приводит факты из собственной практики или практики коллег, показывающие, что успешность усвоения гораздо ниже, чем провозглашаемая первым участником.

В особом ряду компонентов «честной» критики логические опровержения одним участником диалога выводов другого. Как признано многими методологами, логической фальсификацией некоторого положения является, например, несостоятельность какого-либо его следствия. Если, например, один из участников диалога предлагает и отстаивает включение в содержание обучения существенно дополняющего его материала, то возражающая позиция может адресоваться к отсутствию временны́х ресурсов для реализации замысла оппонента и к необходимости компрессирования того содержания, которое уже имеется к рассматриваемому моменту времени.

К средствам логической фальсификации выводов оппонента относятся также некритичный отсыл одного из участников диалога к авторитетам, выведение из мнения авторитета таких следствий, о которых сам авторитет не писал и которые корректными не являются. К средствам логического возражения мнению оппонента относятся также выявленные в процессе диалога поспешные обобщения, неправомерные аналогии, необоснованные экстраполяции, переходы от утверждений, справедливых при некоторых условиях, к следствиям безусловным и многое другое.

Также к средствам логической фальсификации выводов некого рецензируемого автора относятся и опровержение методом рассуждения от противного, а также методом доведения выводов автора до абсурда. Эти два фрагмента могут быть проиллюстрированы, например, так: некий автор предлагает насыщение содержания образования контентом знания, не усвоенного студентами в средней школе, и осуществлять это в режиме подробного повторения. Оппонент вправе предъявить такому автору следствие, согласно которому такое включение школьного неусвоенного ранее потребует существенного увеличения учебного времени, существенно превышающего наличный ресурс (доведение утверждения автора идеи до абсурда). Метод опровержения с помощью *рассуждения от противного* иллюстрируем так: некоторый исследователь предлагает исключить какой-то устаревший фрагмент знания из содержания образования. Оппонент выдвигает противоположное утверждение: включение этого контента в содержание образования (сохранение в наличествующем виде) обеспечивает формирование … (такого-то перечня профессионально важных умений студентов), и потому его исключение приведёт к потере студентом таких умений, – следовательно, оно непродуктивно.

Особо в процессе логической фальсификации следует упомянуть проблему используемых авторами классификаций и определений. В педагогических исследованиях сплошь и рядом нарушаются требования единства основания классификации, полноты (сумма компонентов деления равна объёму делимой совокупности), непересекаемости компонентов деления, неверно соотносятся объекты, выделенные по разным основаниям [24].

Обсуждая сейчас портрет соблюдающего все правила «честного» диалога исследователя, мы полагаем, что степень его убеждённости в справедливости своих выводов возрастает со временем, прошедшим с момента начала научной деятельности. Мы утверждаем, что на этой временной оси возрастает и способность учёного отстаивать эти убеждения в процессе научного диалога, используя аргументы, против которых оппонентам трудно выставить корректные опровержения, – как правило, степень значимости авторской исследовательской позиции всё более чётко осознаётся социумом. Конечно, такие «убивающие противника» аргументы участнику диалога целесообразно заготавливать заранее, ориентируясь на известные взгляды партнёров (оппонентов), опубликованные ими в статьях и книгах, произнесённые некогда на научных конференциях и коллоквиумах или в процессе личных встреч. Вместе с тем, защищающему свои взгляды исследователю целесообразно быть готовым и к диалоговым экспромтам, когда оппонент уходит от конкретного ответа, уводит диалог «в сторону» или просто проявляет непонимание и т.п.

Вывод из данного рассмотрения таков: научно-педагогический поиск предполагает *многоплановый диалог* субъекта, результаты защищающего, и сообщества, результаты экспертирующего. Диалог, в котором участники друг друга слышат и понимают, соблюдают законы логики и умеют выразить мысли стилистически грамотно. Потому мы переходим к логическим ресурсам диалога и их стилистическому оформлению.

1.2. Логико-стилистическая рамка педагогического диалога

Мы начнём изложение с того, что возникновение диалога в исследовательском сообществе педагогов обусловлено рядом обстоятельств, среди которых: а) неоднозначность научного представления даже базовых элементов педагогики, их смысловая полифоничность и трудность однозначного стилистического представления; б) неоднозначность интерпретирования социального заказа системе образования, отсутствие в его чрезмерно общих формулировках чётких приоритетов и параметров, и вытекающая из этого трудность постановки целей обучения конкретным учебным дисциплинам, их разделам, не говоря уже о трудности одновременной реализации всех поставленных стандартами целей; в) чрезвычайная размноженность версий, представлений различных общих подходов и методических решений; г) слабая подкреплённость всех этапов педагогического поиска логикой. Именно это опосредует наше обращение к логике, которое мы начнём с анализа возможностей и особенностей проявления в педагогике основных её законов: закона достаточного основания (1) и закона противоречия и исключённого третьего в связке (2).

Логический закон достаточного основания в педагогическом диалоге (предварительный анализ). Этот один из трёх основных логических законов очень важен для педагогического научного диалога. Он является одновременно тем, что необходимо соблюдать, и тем, что в большинстве случаев не соблюдается учёными-педагогами, обсуждающими свои проблемы на самых различных дискуссионных площадках. И это выражается очень просто: высказываемое кем-либо с эмоциональным накалом утверждение не получает силы аргумента, если из слушающего зала возникает вопрос о том, откуда Вы (его автор) взяли свой вывод. Очень часто автор в ответ на такой вопрос теряется, недоумённо смотрит в слушающий зал, а иногда в свою защиту выставляет возмущённое: «Это всем давно известно!» В ряде случаев звучат ссылки на какие-либо авторитетные мнения, как правило, сути сказанного не проявляющие. Потому мы сейчас постараемся выявить то, *откуда может следовать* высказанное участником педагогического диалога суждение, умозаключение, вывод и т.п., *на чём оно основано, как Вы готовы его обосновать*.

Логики утверждают, что источника, откуда может следовать нечто предлагаемое в качестве научного вывода, три. Первый – ссылка на мнение авторитета в области образования, учёного или практика, и конечно, человека, сочетающего в себе эти два вида деятельности. Она называется контекстуальным обоснованием, включающим ссылку на традицию, здравый смысл, веру, коллективное мнение учёных. Второй источник – обоснование эмпирическое: участник диалога приводит в защиту своих выводов данные, полученные в эксперименте и введённые в таблицу или диаграмму, быть может, данные из статистических баз, полученные ранее. При этом возможно лишь обобщение первого порядка, не адресуемое к выяснению причин и механизмов наблюдаемых феноменов. Эти операции соответствуют теоретическому обоснованию умозаключений – это третий источник аргументов в диалоге на научную тему. К причинам и механизмам педагогических феноменов примыкают условия, способствующие тому или иному характеру протекания этих феноменов: необходимые, достаточные, необходимые, но недостаточные и наоборот. Безусловно, к теоретическому обоснованию относится логика полученного результата: основные её законы в конкретной ситуации, правила выведения следствий корректный причинный и кондициональный (условный) формат и многое другое, отображённое в соответствующих книгах. Для педагогики теоретическими утверждениями, из которых выводятся следствия, являются психологические закономерности, основанные на данных физиологии, а также философские конструкты.

Проблема *достаточности* обоснований (как какого-либо одного, так и двух-трёх из приведённого списка) в педагогике весьма трудна, и её обсуждению будет посвящено дальнейшее изложение.

Логические ресурсы педагогического диалога, связанные с законом исключённого третьего, и их стилистическое отображение. Как уже было ранее отмечено, педагогический научный диалог по ряду причин затруднён. К их числу относится трудность и неоднозначность проявления логической формы в областях гуманитарного знания. Это обусловлено тем, что при получении этого знания научные подходы соседствуют с предметно-практическими методами и стратегиями деятельности. Всё перечисленное в полной мере относится к *закону исключённого третьего* и особенностям его использованияв процессе выдвижения участником диалога собственных выводов и умозаключений, а также в процессе опровержения, дополнения и уточнения утверждений партнёров по диалогу. Для нашего рассмотрения будет понятной такая формулировка обсуждаемого закона: в некоем умозаключении, суждении, высказывании позволительна либо утверждающая форма (это верно), либо отрицающая (это неверно), и никакой третьей возможности нет.

Наше обращение к этому закону обусловлено той критикой, которая раздавалась в его адрес со стороны философов и логиков с самых древних времён. Например, Аристотель выражал сомнения по поводу применимости этого закона к событиям возможного будущего. По поводу бессмысленных высказываний в логике исключённого третьего иронично высказывался Г. Гегель. Однако, особенно актуально возражение Л. Брауэра, указывавшего, что логические законы имеют существенно различную окраску в применении к различным по природе объектам, и главное, что во многих случаях между утверждением и его отрицанием *имеется третья возможность* [42, с. 145]. Л. Бауэр всячески подчёркивал, что её нельзя исключить, и прежде всего, для бесконечных множеств объектов: а) если множество конечно, все его компоненты можно перебрать, пересчитать и точно сказать, например, есть ли в этом множестве объект с интересующими автора свойствами или его нет; б) если множество бесконечно, то ни утверждение о существовании объекта с интересующими исследователя свойствами, ни его опровержение истинными не являются.

Мы продолжаем эту мысль часто встречающимися в педагогике *«ловушками классификаций»*. Это такие ситуации, в которых по разным (вполне извинительным) причинам невозможно уверенно утверждать, что выделенные при классифицировании некоего множества компоненты: а) при «суммировании» равняются по объёму разделяемому полю (критерий полноты); б) не пересекаются друг с другом. В этом случае зачастую весьма трудно определить: а) к какому из двух подразделений образовательного поля относится интересующий учёного объект (феномен); б) все ли объекты (феномены) разделяемого поля найдут свою классификационную «клеточку»; в) возможно ли дополнить найденную ранее классификацию на основе нахождения объекта (феномена) образования, который трудно отнести к какому-либо изначально выделенному компоненту (части делимого поля). Например, *закон исключённого третьего* в связи с первым соображением проблематизирует вопрос: *относится ли* интересующий автора метод обучения к наглядным или *нет* (поскольку он не ориентирован исключительно на наглядность, а включает в себя и другие характеристики – относимые к двум другим компонентам деления поля методов обучения: словесным и практическим методам). Второе и третье соображения проблематизируют ответ на вопрос: к какому из триады известных методов, выделенных по основанию «способ передачи информации обучающемуся», *относится* метод *кейс-стадис,* а какой тип метода его *исключает.* Определённый, точный ответ здесь проблематичен – этот метод очень трудно однозначно отнести к одному из известных типов (словесные, наглядные, практические), как трудно и найти из представленных трёх такой тип обучения, который уверенно исключает кейс-стадис.

Наиболее «остро» аналогичные приведённым вопросы в контексте *закона исключённого третьего* встают при дихотомичном делении, когда всё исследуемое поле делится на две части: объекты в первой обладают интересующим исследователя признаком, во второй он отсутствует. За исключением тривиальных случаев (применение педагогического насилия гуманно или нет, допустимо или нет [1]; обучающиеся-юноши или девушки [2]; развивающее обучение позитивно ценно или нет [3] и т.п.) такой тип деления совокупности также проблематичен. При всей кажущейся простоте и наглядности *закона исключённого третьего* логики и философы считают его чрезмерно жёстким и ригористичным, и это особенно ярко проявляется в гуманитарных науках слабой гносеологической версии.

Здесь мы выходим за рамки классификаций и в контексте обсуждения *закона исключённого третьего* адресуем рассмотрение дихотомичного деления того или иного образовательного поля нескольким полярным формам: *позитивно ценное – негатив; личностно значимое – личностно разрушающее; обучение доказательное – обучение догматическое; новое и прогрессивное в образовании – устаревшее, от которого необходимо отстроиться.* Например, применительно к повсеместно обсуждаемой сегодня теме цифровизации образования такое дихотомичное деление выходит на **диалог** традиций и инноваций, нового и устаревающего. При этом находясь в рамках обсуждения применимости *закона исключённого третьего*, мы попытаемся проиллюстрировать непродуктивность многочисленных крайних, экстремальных, жёстких точек зрения, поляризующих образовательную среду на два «лагеря»: адептов и противников цифрового обучения.

На сегодня очевидно, что цифровизация является современным трендом школьного и вузовского образования и темой, вызывающей самые разнообразные научные и научно-практические дискуссии. Цифровизация предполагает внедрение в учебный процесс различных компьютерных обучающих программ, электронных учебников, виртуальных практикумов, работу школьников и студентов в виртуальных средах. Что при этом важно *для диалога*? Цифровизации образования в качестве обосновывающего аргумента использует цифровизацию экономики и других сфер жизни – этим адепты этой идеи обосновывают необходимость как можно более раннего включения обучающихся в цифровой мир. В качестве возражающего аргумента оппонент адепта цифровизации образования может представить соображения, приведённые в книге немецкого учёного и социолога М. Шпитцера [33].

Среди контраргументов цитируемого автора важен такой: физиологами уверенно установлено, что знания, получаемые исключительно за компьютером, слабее и медленнее «отпечатываются» в головном мозге, чем те, которые можно «пощупать руками» [33, с. 56]. Например, знания по анатомии у студентов медицинского университета оказываются гораздо более прочными и востребуемыми при изучении профильных клинических дисциплин, когда в учебном процессе используются «контактные» формы работы (работа с трупами в анатомическом театре, препарирование и т.п.). Эти знания менее прочны в том случае, когда натурный контакт заменяется компьютерными экранными атласами различных органов и систем человека и других цифровых муляжей и имитаторов. Это *эмпирическое* опровержение мнения об исключительной позитивности цифрового образования медиков (на основе обследования выборок студентов старших курсов медицинских вузов) целесообразно дополнить опровержением *теоретическим*. У Шпитцера есть данные о том, что посредством метода многоканальной энцефалографии была зафиксирована активизация моторных зон лобных долей головного мозга обучающихся с преобладанием «предметного», контактного обучения. У обучающихся с резким преобладанием цифрового контента эта активизация наступала существенно позже [33, с.57]. Это даёт основания считать, что цифровой способ постижения окружающего мира отрицательно воздействует на развитие головного мозга учащихся, снижает скорость их умственного развития.

Теоретическое опровержение точки зрения адепта цифрового образования партнёром по диалогу может быть конкретизировано другими данными из книги М. Шпитцера. Автор, в частности, отмечает, что «современные нейробиологические исследования с помощью функциональной магниторезонансной томографии показали, что узнавание обучающимися родному языку школьниками букв, выученных посредством написания от руки, также приводит к активизации моторных участков головного мозга. В том случае, если буквы были усвоены путём ввода через клавиатуру компьютера, описанной активизации не происходило (или она наступала гораздо позже). Нейробиологами также было установлено, что формирование в сознании школьника образа букв с помощью ручки и карандаша прокладывает «моторные следы памяти» [33], которые во время восприятия букв активизируются и облегчают школьнику узнавание этих букв по их визуальному образу» [33, с. 134].

Многолетние эмпирические исследования на репрезентативных выборках обучающихся и теоретические опровержения эффективности цифрового обучения дополняются адресацией участников диалога к научным авторитетам (сочетание трёх типов аргументации). Это позволяют участнику диалога опровергнуть исключительную и однозначную позитивность цифрового обучения и его преимущество перед традиционным (предметно-натурным). Финал этого опровержения таков: прямой контакт как способ обучения превосходит опосредованный контакт через монитор компьютера [33, с. 135]. *Закон исключённого третьего* трансформирует этот вывод: рассматриваемая в научных диалогах диада «*инновационное цифровое – традиционное предметно-натурное образование*» в жёстком, ригористичном формате не разрешаема. Потому в диалоге необходим поиск *сочетанного формата образовательной традиции и инновации*. Это – взвешенное, скрупулёзное выявление достоинств и недостатков предлагаемых адептами «цифры» решений и технологий их внедрения в практику обучения.

Логически корректный научный диалог в науке об образовании, основанный на грамотном, диалектичном использовании *закона исключённого третьего*, обязательно предполагает финальный анализ, итог прошедшего обсуждения. Методологическими требованиями в данном случае являются такие: *отчётливая логическая структурированность педагогического научного дискурса, эксплицитность его логико-смысловой структуры*. Приведём ряд характерных примеров:

– исходный тезис инициаторов диалога получил подробное и многогранное обоснование, однако, связанная с ним актуальная педагогическая проблема осталась за рамками рассмотрения участниками. Предъявив партнёрам по диалогу раскрытие цифрового негатива, инициаторы этой идеи оставили без внимания тему *сочетания* цифрового и традиционного (предметно-натурного) обучения. Стилистическое клише, уместное в этом случае: *содержательная незавершённость* диалога;

– ряд использованных аргументов в пользу цифрового негатива в образовании относятся к эмпирическим опровержениям выводов адептов цифровизации. Однако, при этом репрезентативность выборок, на которых проводилось экспериментальное обследование, вызывает сомнения, поскольку … (приводятся возможные доводы). В связи с этим приведённые аргументы не дают оснований принять идею цифрового образовательного негатива. В будущих диалогах желательно подтвердить ранние эмпирические аргументы теоретически, адресуясь к физиолого-психологическим механизмам наблюдаемых феноменов образовательного поля (примеры приведены в данном разделе выше). Стилистические клише, отражающие такую ситуацию: *недостаточная теоретическая обоснованность выводов, не позволяющая считать точку зрения автора подтверждённой; одна из двух конкурирующих точек зрения подтверждена лучше (хуже) другой, полярной.*

– недостаточно убедительные аргументы, приведённые участниками диалога, защищавшими идею цифрового негатива, не позволили обосновать противникам (адептам цифрового образования) свою точку зрения. Это привело к ошибочному финальному выводу об исключительной позитивной ценности цифровизации и необходимости отстраивания от предметно-натурного обучения. Стилистические клише, соответствующие данному случаю, могут быть такими: *крайне недостаточная логическая обоснованность вывода; обманчивая простота.*

Приведённые выше и им аналогичные стилистические формы финалов диалогов позволяют участникам и внешним наблюдателям осознать, что наряду с противоположностями, отображёнными в *законе исключённого третьего,* существуют и противоположности на уровне возможности *со*существования или взаимоперехода. Они предполагают отстраивание участников педагогических диалогов от жёсткой, ригористической дихотомии, трансформацию бинарной логики формата «*или – или*» в диалектическую: «*и то, и другое одновременно*». В ряде случаев на примерах педагогического поля иллюстрируется и более сложный случай, выражаемый формулой: для двух феноменов, кажущихся противоположностями, справедливо «*и то, и другое одновременно (1), но ни одно, ни другое по отдельности (2)*». Применительно к нашему случаю этоозначает, что ни цифровизация, ни предметно-натурное обучение *по отдельности* не в состоянии обеспечить качественный современный образовательный результат школьника или студента. Такой результат обеспечивается только выверенным в процессе научных и научно-практических диалогов *сочетанным* форматом предметно-натурного и цифрового обучения, конечно, варьирующимся при переходе от одной специальности и профиля подготовки к другим.

Стилистические ресурсы корректного диалога в педагогике, отображающие палитру особенностей проявления закона исключённого третьего. Такой диалог предполагает совокупность специальных стилистических средств, вытекающих из известной модели диалога М. Стаббса (модель ожиданий, [29]). Применительно к научному диалогу в педагогике эта модель предполагает выбор инициатором той или иной идеи таких способов стилистического оформления своих утверждений и выводов (или опровержений выводов партнёров), которые приведут к ожидаемому им эффекту. Говоря конкретнее, участники диалога, слушающие предлагаемые выводы, воспринимают их содержание и смысл адекватно замыслу выдвигающего их автора. При этом степень этой адекватности может с хорошей точностью этим автором прогнозироваться заранее. Это отображаемо посредством таких фрагментов его внутренней речи: наверняка в аудитории участников предлагаемый мной тезис будет адекватно осмыслен (1); предлагаемый способ рассуждений будет труден для значительной части участников диалога и потому он должен быть сопровождён … (таким-то приёмом) (2); предлагаемый пример в будущем диалоге должен быть дополнен … (таким-то содержанием) (3).

Это позволяет перейти к обсуждению стилистических ресурсов научного диалога в педагогике, непосредственно связанных с *законом исключённого третьего*. К их числу относится приём, именуемый в стилистике *градацией* – это стилистическая фигура, использующая постепенное, поэтапное «развёртывание» инициатором той главной, стержневой идеи, которую он хотел бы донести до сознания своих оппонентов-участников диалога. В более конкретном выражении в подавляющем большинстве случаев это: приведение аргументов в пользу одного из двух конкурирующих концептуальных решений, методик, технологий (1); аналогичный «защитный бросок» в пользу второй, кажущейся противоположной идеи (2) и далее повторение этих этапов, в финале которого участники диалога формулируют грамотную, взвешенную, в большинстве случаев *сочетанную* позицию. Если в качестве примера такой идеи принять представленную и описанную выше мысль о том, что «прямой» контакт с реальностью в учебном процессе эффективнее опосредованного, через монитор компьютера, то поэтапное «разворачивание» этой идеи выдвигающий его участник диалога также найдёт в книге М. Шпитцера [33]. Многократно возвращаясь к проблеме «цифрового негатива» в обучении, инициатор диалога может дополнить всё сказанное в предыдущем разделе статьи таким соображением: чрезмерное увлечение цифровым контентом в обучении студент или школьник «переносят» за пределы образовательного процесса. При этом экспериментально подтверждены такие факты:

- чрезмерное увлечение цифровыми средствами снижает способность школьника или студента к эмпатии, чрезмерно сужает социальные контакты, сводя их к общению «через монитор». Потому «цифровое увлечение» притупляет способность цифрового ученика переноситься в когнитивный и социальный мир другого человека и, в конечном счёте, притупляет способность понимать его;

- чрезмерное увлечение цифровым обучением, переносясь за пределы образовательного процесса, включает обучающихся в мультизадачный режим. Например, одновременное обращение к нескольким источникам информации, быстрое, поверхностное «пробегание» информации с различных сайтов или порталов – без подробного вчитывания. Это существенно снижает способность ученика к основательным, серьёзным размышлениям, рефлексии и критическому анализу информации;

- цифровой ученик (представитель поколения Z) отучается запоминать важные факты (передавая эту функцию компьютеру), не в состоянии перерабатывать считанную с экрана информацию. Цифровой ученик не проходит герменевтического круга (когда некое целое познаётся через детали и связи между ними, а потом результат такого расчленения целого вновь синтезируется, «восхождение к целому»). Он осуществляет преимущественно горизонтальный, поверхностный поиск фактов, не адресуется к вертикальному, к движению вглубь прочитанного [33, с. 176].

Такие «разворачивающие» повторы позволяют инициатору диалога несколько раз возвращать слушателей и оппонентов к одной и той же мысли: чрезмерное увлечение цифровым контентом для обучающейся и формирующейся личности губительно. При этом приведённые аргументы продуктивно «накладываются» друг на друга, способствуют укреплению в сознании участников диалога (быть может, первоначально жёстко оппонирующих его инициатору) вывода о крайней неоднозначности кажущейся исключительно прогрессивной идеи цифровизации образования.

Параллельно или после исчерпания аргументационного ресурса в пользу «цифрового негатива» дискутанты адресуются к аспектам позитивной ценности цифрового образования, и как правило, формулируют как итог дискуссии взвешенную позицию, отражающую *сочетанный* формат «цифры» с предметно-натурным обучением.

Описанным нами приёмом *градации* не ограничивается поле стилистических ресурсов научного диалога в педагогике, задействующего *закон исключённого третьего*. Среди хорошо известных в теоретической стилистике мы особо выделяем *метафору*. Применительно к обсуждавшейся выше идее цифровизации образования примерами метафоры могут быть такие: digital native; коренной житель цифрового общества; человек, родившийся в цифровую эпоху, молодёжь поколения Z. В диалоге на поле образования актуальны и развёрнутые метафоры, предложения или более крупные текстовые фрагменты. Например, цитата из работы Д. Гильберта: «запретить математикам пользоваться законом исключённого третьего всё равно что запретить боксёрам пользоваться кулаками и перчатками, а у астрономов отнять телескоп» [42, с. 173]. Закон исключённого третьего хорошо иллюстрируем и такими метафоричными словосочетаниями: «перевёрнутый класс»: миф или реальность?»; «исследовательское обучение:

рассвет или закат?»; «проблемно-эвристическое образование: плод или побег?». Как и такая метафора: «в мире живого трудно провести разграничительные линии», иллюстрирующая проблемы применения в неясном классификационном поле *закона исключённого третьего*. Свободным, образным языком инициатор диалога доводит до сознания своих слушателей образную канву науки, оживляя диалог, стилистически привлекательными способами активизируя внимание его участников. При этом метафоричный финал диалога с использованием закона исключённого третьего таков: участникам диалога не следует всегда и везде «поверять алгеброй гармонию», пытаясь выбрать одно из двух и всегда исключая третье.

Близким к метафоре методом проявления *закона исключённого третьего* является ещё один стилистический ресурс, это – *оксюморон*. Примерами оксюморона применительно к цифровому негативу могут служить такие словосочетания как «отчаянный прогресс», «убийственный прогресс», «вверх по лестнице, ведущей вниз». Они отображают диалектику сущности и явления, видимого и действительного: кажущаяся исключительно прогрессивной идея на практике оборачивается своей негативной стороной. Среди эффективных стилистических ресурсов научного диалога в педагогике мы выделяем также *эмфатическую транспозицию* (позитивно ориентированное высказывание используется в негативном смысле). Для нашего рассмотрения её примером может стать такая стилистическая форма: результаты повальной цифровизации весьма неутешительны, получается, что *новое лучше старого только в силу своей новизны*.

Описанные стилистические приёмы позволяют инициатору диалога создать для участников конкретно-образную основу используемых абстрактных и обобщённых форм, сжато и конкретно отображают результаты проведённых рассуждений и умозаключений, формируют у участников диалогов умения тезирования выводов в формате stanspedeinuno(стоя на одной ноге – латинск.).

Логико-гносеологическая атрибутика диалога в педагогике. В началераскрытия данной темы приведём ряд примеров. Первый свяжем с клише «правильно или неправильно» и реконструируем сюжет из книги В.В. Краевского[28, с.125], в котором автор выясняет *что такое* методология педагогики: а) учение о методах педагогического исследовательского познания, исследовательских процедурах и стратегиях, о логике педагогического исследования, обусловливающей те или иные его этапы; или б) учение о деятельности в самых разных её формах на педагогическом поле, предполагающее триаду: методология исследовательской деятельности, методология практической педагогической деятельности и методология учения?

Мы считаем, что диалог в координатах «что правильно, а что неправильно?» в данном случае нецелесообразен. Главным образом потому, что он задействует *исходные определения*: первая версия методологии педагогики подкрепляется научной школой В.В. Краевского и частично подходами В.И. Загвязинского, версия вторая – исследованиями А.М. Новикова. Отвергая логику «правильного и неправильного», мы попытаемся дискутировать о том, как *соотносятся* две предложенных версии раскрытия методологии педагогики. Мы попытаемся понять, какая издвух предложенных версий наиболее точно соответствует общенаучному энциклопедическому раскрытию, каковы исследовательские смыслы отделения частного (методология педагогики) от общенаучного (методология науки), насколько отдаленная от традиций версия позволяет конкретизировать теорию педагогики, внести в неё более ясные, чем существующие ныне стилистические и смысловые формы, наконец, внести вклад в систематизацию педагогической науки.

Взгляд А.М. Новикова включает как часть то, что декларируют не В.В. Краевский и В.И. Загвязинский: первая версия в своем первом пункте в значительной степени совпадает со второй версией. Вместе с тем первая версия (А.М. Новиков) добавлена пунктом вторым: методологией практической педагогической деятельности и методологией учения. Расшифровка этих двух добавочных компонентов показывает, что термин «методология» начинает подменять традиционные компоненты самой педагогической науки: методы обучения, методика, формы организации учебной деятельности и т.п., автоматически включать их в себя. Что конкретно даёт такое переполнение методологии, чем оно логичнее и удобнее традиционных, какие дополнительные возможности даёт исследователям для конструктивного применения,– всё это абсолютно непонятно.

Нецелесообразность диалога в формате «или – или» проявляется и при анализе статей на страницах журналов, например, в таком пассаже: «*игра: мышление или деятельность?*»[5]. Вступая в мысленный диалог с теоретиком игры Й. Хейзинга, автор приходит к выводу о том, *что игра не деятельность, а деятельностная форма высшей психической деятельности*, подразумевая, что три корневых повтора (деятельность – деятельностная и т.п.) различны по смыслу. Рефлексия такого заочного диалога автора с психологами ранних лет иллюстрирует развитие педагогики «не в ствол, а в куст», её гносеологическую деградацию.

Логико-методологическое отображение педагогического диалога помимо всего обсуждённого выше предполагает и выявление дискутантами замены (незамены) исходного тезиса, например, в форме вопроса одного участника диалога другому: вы сейчас возражаете против самой идеи развития критического мышления студентов или против предложенных мною методических схем и сценариев? Аналогичный вопрос уместен и для проявления других логических форм. Например, Вы возражаете: а) против самого факта наличия причинно-следственной связи между теми или иными методическими акциями и достигаемым обучающимся образовательным результатом или б) против её конкретного предъявления, обоснования; хотите ли вы сказать, что вместо одной причинно-следственной связи необходимо представить цепочку таких связей?

Аналогичный вопрос от одного участника диалога партнёру уместен и при обсуждении некого педагогического результата с точки зрения условий его осуществимости: а) какие из перечисленных Вами педагогических условий относятся к необходимым, какие – к достаточным; б) какие достаточные условия не являются необходимыми; в) какие необходимые не относятся к достаточным?

В особом ряду педагогической логики проблемы аргументации то, какие доводы предъявляет участник диалога партнёрам в защиту своей позиции. К приёмам контекстуальной аргументации, часто применяемым в педагогическом диалоге, относятся: аргумент к традиции, к авторитету, к вере и аргумент к здравому смыслу. Первые три позиции мы считаем возможным раскрыть через категорию «мера», в каждом конкретном случае пытаясь выявить:

---

[5] Боровских А.В. Игра: деятельность или мышление?//Педагогика, 2015, № 7

– насколько то или иное *некогда ранее выраженное* авторитетом мнение, суждение, умозаключение применимы в *современных реалиях*; насколько эти «новые» реалии позволяют адресацию к мнению авторитета или к предлагаемой к использованию (отрицанию)традиции, какова целесообразность такой адресации;

– насколько жёстко то или иное мнение или суждение высказано самим авторитетом, какова степень схожести той социальной и педагогической действительности, в которой «существовал» известный учёный-педагог, психолог или философ (или была сформирована та или иная традиция), и действительности современной;

– относится ли суждение авторитета или научно-педагогическая традиция к общему подходу или к конкретным прикладным аспектам, что из конкретно способно конструктивно транслироваться из прошлого в современность, какие модификации необходимы.

Помимо контекстуальной в логике известны *эмпирическая* и *теоретическая* аргументация, но о них мы поговорим позднее.

Аргументация на разных этапах диалога. Диалог в любой науке и в педагогике, в частности, есть обмен между его участниками вопросами, мнениями, суждениями, точками зрения, выводами, доказательствами и обоснованиями и т.п.В результате каждый из участников: а) либо остаётся при своём мнении, быть может, даже «укрепляясь» в нём; б) либо получает информацию к размышлению на основе тех или иных опровержений, прозвучавших в процессе диалога и достаточно внятно обоснованных «противниками; в) либо кардинально меняет свою точку зрения. Всё перечисленное завязано на различные логические процедуры в конкретных и содержательных обоснованиях. Потому в этом параграфе мы считаем необходимым подробно спроецировать проблему научно-педагогического диалога на теорию и практику *аргументации*, поскольку осуществляемая по отношению к своим мнениям, суждениям, высказываниям и т.п. участниками диалога, она является той структурной «клеточкой», которая обусловливает результативность и продуктивность диалогового процесса в целом.

Контекстуальную аргументацию мы уже рассмотрели выше, а теперь перейдём к эмпирической. Неотъемлемым элементом эмпирической аргументации является ссылка на опыт, эмпирические данные, выражаемая, как правило, приведением участником диалога (либо в подтверждение своей позиции, либо для опровержения позиции оппонента) *примера* – факта или частного случая из педагогической действительности или *иллюстрации*, которая в отличие от примера призвана создать в сознании оппонента «эффект присутствия» в проговариваемой ситуации – например, акцентируясь на ряде воздействующих на воображение «противника» ярких деталей. Эмпирическая аргументация включает также анализ множества баз данных, часто сопровождаемых статистическими отображениями, таблицами, диаграммами, схемами и т.п. Этот анализ, как правило, не адресуется к выявлению причин, условий и других атрибутов, принадлежащих аргументации теоретической.

Она включает адресацию к причинам наблюдаемых феноменов, концептуальным основаниям педагогических выводов, как правило, относящимся к психофизиологии или к философии. Теоретическая аргументация неизбежно включает логику: правила корректного выведения следствий, нахождения причин того или иного характера протекания наблюдаемых феноменов, определения степени влияния на них различных факторов. Все три типа аргументации, как правило, сопряжены друг с другом в каждом конкретном исследовательском сюжете. Всю сложную палитру такого сопряжения мы обсудим в следующих главах.

1.3. Исследовательское взаимодействие
в педагогическом научном социуме и диалог

Педагогическое исследовательское взаимодействие. Мы повторим сейчас ранее сказанное: в сегодняшнем научном социуме, как правило, ни для отдельного учёного, ни для трансцендентального субъекта философии науки невозможно стать субъектом истины. Такая возможность есть лишь у реального научного сообщества – потому тема многоформатногонаучного диалога, исследовательского взаимодействия встаёт перед методологами педагогики во весь рост. Исследовательское взаимодействие есть неотъемлемый атрибут педагогической научной деятельности, его форма и суть, ежедневное учёное «времяпровождение». К наиболее очевидным компонентам такого взаимодействия в педагогике относятся обсуждения учёным собственных результатов, замыслов с коллегами по научной работе; обсуждения проектных акций и кооперированных результатов в случае участия в коллективной научной работе; участие в научных семинарах, симпозиумах, конференциях, коллоквиумах, круглых столах научно-педагогической и практико-педагогической тематики, вебинарах и других современных формах исследовательской кооперации; контакты соискателей учёных степеней со своими руководителями; участие в рецензировании различных продуктов исследовательской деятельности, отклики на рецензии собственных научных трудов и ряд других.

Эта тема актуальна не только для сообщества педагогического поиска: семинары и коллоквиумы неформального характера – неотъемлемая составная часть жизни учёных с давних времён. Историкам науки известны знаменитые Павловские среды, дискуссии в доме Нильса Бора (именованного греческим клубом), кружок З. Фрейда, преобразовавшийся со временем в Психоаналитическое общество и расположенные во многих странах мира его отделы, четверговый семинар Л.Д. Ландау в Институте физических проблем, коллективное обсуждение научных проблем сотрудниками Физико-технического института, возглавляемого А.Ф. Иоффе.

В книге «Я – педагог», цитированной выше, А.М. Новиков вспоминает и традиции школ научного диалога в педагогике, приводя в качестве примера выездные (на 3–4 дня) научные школы, организовываемые ЦК ВЛКСМ совместно с АПН СССР в 70–80 гг. XX века, и справедливо отмечает, что эта традиция в педагогическом сообществе сегодня угасла [43].

Для нас наиболее интересным представляется обсуждение *научных семинаров*, на которых исследователь представляет себя научному сообществу. На семинарах так или иначе проявляются конечные или промежуточные результаты научно-педагогического поиска, методы их получения, отшлифовываются определения научно-педагогических категорий и терминов, оцениваются стратегии поисковой деятельности и конечно, кодируются полученные результаты, намечаются пути дальнейшего исследования заявленной автором того или иного доклада проблемы. Для докладчиков такие семинары представляют очевидную ценность, – не участвуя в семинарах, он обречён на «варение в собственном соку», на заочный молчаливый диалог с книгами и ресурсами сети Интернет, и кроме того, рискует совершить ошибки в поиске, повторить результаты уже известные, неверно интерпретировать классические или современные исследовательские педагогические продукты и т.п.

Для докладчика на семинаре появляется возможность проговорить свои идеи, заранее продумав тот формат их представления, который позволит слушателям адекватно понять смысл излагаемого, внести в него индивидуальное авторское видение. Для слушателей-участников семинара есть возможность задать вопросы, помогающие, с одной стороны, понять и уточнить тезисы докладчика, а с другой, – помочь докладчику самому осознать конкретику представляемого результата.

В разных научных школах такие вопросы задаются по-разному, по большей части после окончания доклада, иногда непосредственно во время доклада, однако, держат докладчика в состоянии напряжения. Оно возникает потому, что на поступивший из зала вопрос необходимо ответить максимально ясно, выразить свою позицию чётко и обоснованно, и одновременно не потерять основную мысль, логику прерванного доклада. Конечно, ряд вопросов докладчик предвидит заранее (исходя из знания особенностей слушающей аудитории).Однако, стопроцентно себя обезопасить от неожиданностей нет возможности, и импровизационная готовность в любом случае не должна покидать учёного.

Задаваемые из зала вопросы очень помогают докладчику. Из них он узнаёт, что существуют близкие ему по направлению исследовательской работы научно-практические педагогические школы, а также то конкретное, что они предлагают научному сообществу как результат. Он знакомится с альтернативными исследовательскими подходами, о которых говорит слушающий его зал, соотносит их с собственными. А в ряде случаев получает вектор дальнейшего исследовательского движения, корректирующий тот, который предполагался до доклада на семинаре.

Нечто подобное относится не только к научному семинару, а и ко многим другим формам исследовательской педагогической кооперации. Особенно важно это в процессе коллективного научно-педагогического поиска, когда, например, силами сотрудников научно-исследовательской лаборатории выполняется государственное задание, представляемоев виде научного отчёта. Самый простой вариант, когда в процессе исследования каждый сотрудник отвечает за тот или иной сегмент работы, заранее обозначенный руководителем и согласованный с исследовательским коллективом.А затем руководитель проводит первый, эскизный вариант «склейки» полученных участниками результатов, корректирует их вместе с сотрудниками и в конце концов приходит к конструктивному результату.

Однако, как правило, оказывается, что стыковка результатов предполагает их коррекцию, содержательное дополнение, логическую перестройку. Часто всёэто требует длительного обсуждения, в процессе которого руководитель исследовательского проекта высказывает участникам свои оценки и пожелания, требующие доработки каждого индивидуального продукта, иногда многократной. Здесь важно отметить умение руководителя распределить проект не «по кускам», а по исследовательским ролям: например, один участник выполняет роль «собирателя фактов»; другой – роль «книжного червя», анализатора и классификатора, способного объединить в некое целое однородные объекты и феномены; третий – роль аналитика, способного составить обзор проблемы и его подробный анализ; четвёртый – роль генератора идей, пятый – роль «исполнителя» исследовательского замысла, доведения его до финальной стадии. Хотя поиск исследовательской команды, способной генерировать качественный признаваемый социумом результат – отдельная поисковая стратегия руководителя проекта и большая, серьёзная проблема.

Исследовательское взаимодействие продолжается в процессе «внешней» экспертизы научных результатов, – как отдельных авторов, так и коллективных. При этом спектр оценок экспертов чрезвычайно широк – от практически полного согласия экспертов с рецензируемыми результатами, до серьёзных возражений, а иногда и их фальсификации. Потому перед представляющими результат авторами стоит задача грамотного выстраивания отношений с экспертирующим сообществом, сочетающая готовность отстоять собственный результат, в случае необходимости выстроить его более чётко и конкретно, и готовность принять его оценку, осознав, что ещё необходимо сделать.

Научный поиск в образовании как диалог автора с педагогическим сообществом. Эта тема описывает педагогическую исследовательскую деятельность в *формате диалога и полилога* автора с окружающим его научным и практическим педагогическим пространством. Философский подход к диалогу определяет его как специфический способ отображения и «реализации» внутреннего мира человека вне его, уникальный способ существования человека в культуре, в процессе поиска им смысла и различных ценностей. В атмосфере диалога происходит становление человека и индивида-исследователя, в частности.

Вначале нам важно отметить диалогичность самого знания – как продукта внутренней активности субъекта педагогического познания, описывающего и исследующего окружающий многообразный мир. Научный педагогический диалог обладает специфической структурой: в грубом приближении его предмет содержит в себе ситуацию неопределённости, которой предстоит проясниться. Во многих случаях в диалоге возникают две принципиально соизмеримые, возможные для постановки в один логический и смысловой ряд позиции его участников. Сами участники диалога находятся в состоянии «сомышления», каждый собственный вариант решения дискутируемой проблемы оценивается оппонентами в процессе. В ряде случаев поэтапное развитие диалога приводит к «вызреванию» если не единой для всех участников, то хотя бы в некоторых аспектах сходной точки зрения, позиции и т.п. В ряде случаев диалог к такому общему знаменателю не приходит, иногда прерывается на время, затем продолжается вновь. Философское понимание диалога неизбежно включает и диалог размышляющего индивида самого с собой, предполагающий умение слышать ego и alter ego, искренний самоанализ, внутренний процесс профессионально-личностного становления, стимул к саморазвитию.

Переходя к исследовательскому диалогу на содержательном поле научного педагогического поиска, мы начнём с того, что педагогика как область социо-гуманитарного знания сегодня находится в стадии становления. Процесс трансформации индивидуального знания в признаваемое «коллективное» часто происходит весьма болезненно и неоднозначно. На теоретическом уровне это обусловливается неоднозначностью толкования базовых понятий, невозможностью корректно выстроить систему научного знания.

На практическом – индивидуальное (не «согласованное» с научным социумом) знание в процессе стихийного поспешного внедрения в практику образования приводит к негативным результатам, зачастую впоследствии не компенсируемым. Всё это достаточно ясно просвечивает необходимость рассмотрения выверенной научной нормы *конструктивного диалога* исследователя с научным сообществом, в процессе которого неизвестные проблемы обнажают свою суть и получают стимул к разрешению. А те, которые казались однозначно решаемыми, высвечиваются такой стороной, которая для автора-одиночки была скрыта. Полученный индивидуальный результат в диалоге получает всестороннюю коллективную оценку, подсказывающую исследователю траектории достижения желаемого результата.Решения и выводы поспешные, непродуманные отклоняются от внедрения в практику, направляются на доработку.

Приведём примерную типологию таких диалогов – она включает: а) устный конференционный и симпозиумный диалог; диалог, происходящий в процессе беседы с научным руководителем, аспирантом, докторантом, оппонентом; б) письменный латентный и непосредственный диалог – статейный, книжный, диссертационный и т.п.; в) внутренний мысленный (виртуальный) диалог осуществляющего исследование учёного-педагога с читателями изданных книг, статей, методических продуктов, предварительный «разговор» со слушателями будущего доклада на научной конференции.

В методологическом смысле такой научно-исследовательский диалог есть своеобразная форма предъявления автором себя окружающему миру:

– исследователь соприкасается с тем или иным сегментом педагогической действительности, пытается вскрыть «тайну» обнаруженного феномена или процесса.В такой деятельности он неизбежно задаёт окружающему миру вопросы (как, почему, в чём причина, каковы условия и механизмы…). Не получив прямого ответа, учёный прибегает к теоретическому анализу, синтезу, абстракциям, обобщениям, мысленному эксперименту, либо к контактному экспериментальному исследованию образовательного процесса;

– исследователь в устном докладе, в опубликованной статье, в книге, в пособии открыто выражает свою собственную научную позицию, *ожидает оценочной реакции социума;*

– исследователь предполагает внедрить собственную разработку на педагогическом поле, заранее предлагает для дискуссии её проект, теоретическое обоснование и ожидает *оценки всего того научным и практическим социумом.*

«Ловушки» педагогического диалога. В педагогическом научном сообществе грамотный продуктивный диалог пока, к сожалению, является редкостью, и это видится нами так:

а) вследствие наличия множества трактовок, определений, содержательных интерпретаций одних и тех же феноменов, процессов диалог, в котором реализуется та или иная степень понимания его участниками друг друга, затруднён. Говоря об одном и том же, партнёры по диалогу часто полагают, что говорят совершенно о разном. Говоря о разном, участники часто неправомерно смешивают два мнения, идеи, подхода и т.п., неправомерно отождествляют их;

б) для педагогики характерна слабая «читаемость» научной литературы (масса писателей, не читающих ничего, кроме своих изъяснений), нами фиксируется слабая узнаваемость (особенно начинающими исследователями) трудов авторов не только по предъявлению фамилии и имени-отчества, но и по заглавиям изданных работ, по тематике исследований (за исключением очень известных, тиражи работ которых огромны, и деятельность в педагогической науке началась ещё в советский период). Это естественным образом затрудняет процесс научной коммуникации;

в) для учёных-педагогов характерна преувеличенная степень эмоциональной критичности по отношению к результатам коллег (даже имеющих солидную базу печатных работ, учеников и т.п.). В процессе общения на научные темы, вопреки этике многим ничего не стоит назвать ерундой работы и результаты кого-либо, и тут же противопоставить им свои, объявив их либо незаслуженно непризнанными, либо чуть ли не каноническими, фундаментальными, основополагающими, «прорывными».При этом каждый автор сам себе «судья», оценщик предлагаемого самим собой обществу исследовательского продукта (сам автор, сам режиссёр и исполнитель, сам себе раздаю аплодисменты);

г) фиксируется множество логических и содержательных нарушений: участники диалогов не слышат мнения оппонентов, не способны внятно к ним отнестись; часто «хватаются» за то или иное слово оппонента, вырывают его из контекста, предъявляют оппоненту своё неприятие; выводят из мнения оппонента неверные следствия, а критикуют за них не себя, а оппонента; уходят от обсуждаемого тезиса, приводят диалог к принципиальной невозможности его продолжать. Всё это, надеемся, проявляет термин-метафору «ловушки диалога».

Приведём пример педагогического диалога, источник по этическим причинам не раскрывая.

Участник 1: Отечественному образованию силой навязывается Болонский процесс – и предлагаемая его адептами дорожная карта – «дорога в никуда».

Участник 2: Какие идеи Болонского процесса вызывают у Вас неприятие, чем они не подходят как «дорожная карта» отечественного образования?

Участник 1: Обучение без ориентации на идеал всестороннего развития личности представляет собой дрессировку каждого человека на овладение тем или иным ремеслом. Оно формирует утилитарно не бесплодные знания, умения, навыки, которые не только не обогащают, но и уничтожают душу и уничтожают всякий дух… Если воспитание ориентирует на развитие способностей без заранее установленного масштаба, то оно формирует человека принципиально незаконченного, обучение без воспитания формирует законченного ***толеранта…***

Участник 2: Чем Вас не устраивает тезис о формировании толерантности?

Участник 1: Стратегическим направлением сокрушения системы образования и подготовки духовно ущербного ***толеранта*** является предначертанный антифундаментализм обучения снизу доверху и сверху донизу…

Что сразу бросается в глаза? Первая тройка (тезис – вопрос – ответ) проявляет замену тезиса в процессе обоснования: Болонский процесс отнюдь не ориентирован на формирование знаний и умений, «убивающих душу» и критиковать его за это неправомерно. Ни в целом как образовательный проект, ни в какой-либо части.

Следующий логический шаг адресуется к «формированию способностей без заранее установленного масштаба» – метафора абсолютно непонятна по смыслу и критиковать за это Болонский процесс также неправомерно. Знания, умения, компетенции в обсуждаемыхдокументах вполне масштабированы, определены конкретно. Самым нелепым авторским пассажем является приписывание «обучению без воспитания» подготовку толеранта, и последующее нелепое сочленение толерантности с антифундаментализмом, который к Болонскому процессу также не относим. Двухступенчатая система (бакалавриат – магистратура), наоборот, нацелена на усиление фундаментального компонента вузовского образования на первой его ступени (бакалавриат). И похожих на приведённый диалог примеров в педагогическом научном сообществе огромное множество.

Детализация «ловушек» педагогического исследовательского диалога (подводные камни и мели).Постараемся заявленные «ловушки диалога» типизировать. Первой такой «ловушкой» будет неопределённость обсуждаемого в диалоге тезиса. Если смысл и семантика использованного слова, термина, категории заранее не определён, диалог изначально обрекает себя на незавершение, на априорную невозможность прийти к какому-то вразумительному заключению, более-менее чёткому выводу. Например, тезис «компьютеризация – исключительно позитивная тенденция образования» прежде всего требует определения, что такое компьютеризация: насыщение компьютерами сегмента средств обучения или обучение студентов (школьников) пользовательским умениям, или обучение программированию, или нечто, соединяющее только что произнесённые три позиции. Здесь следует ещё раз вспомнить о проблеме педагогических определений: практически любое определение педагогического феномена или объекта должно формулироваться с чётким осознанием теоретической схемы, подхода к описанию определяемого объекта педагогической действительности, ракурса его рассмотрения.Как не попасть в такую «ловушку»? Весьма просто:заранее достигнуть с партнёрами по диалогу соглашения по поводу *того, что конкретно будет обсуждаться*, – в противном случае диалог будет непродуктивен.

Второй «ловушкой» является невыясненность количественной определённости педагогического объекта или феномена: например, тезис «компьютеризация образования позитивно ценна» явно требует определения того, в каком сегменте образования она будет применяться, какому контингенту студентов (школьников) адресоваться, *какие временные ресурсы задействует, какую часть обучения предлагается ей «захватить»*. Выделенное курсивом непосредственно относится к количественной определённости исходных тезисов. Конечно, необходимо определить и саму «позитивную ценность»: как минимум, в формате социально и личностно ценного, сочетания выделенных двух. Из сказанного ясно, что вместе с невыясненностью первой позиции вторая неопределённость осложняет продуктивный научный диалог.

Третьей «ловушкой» педагогического диалога является непонимание участниками диалогов *связи* между тезисом и доводами (аргументами), приводимыми в его защиту, а иногда невольная или намеренная замена тезиса в процессе обоснования. Последнее встречается в реальном диалоге практически на каждом шагу: например, в качестве исходного обосновываемого тезиса можно принять «проблемное обучение в современном вузе – бесперспективная технология», а затем «свернуть» на тезис «бесперспективные обучающие технологии адресуются к проблемному обучению». Неверный переворот тезиса здесь абсолютно очевиден. Или тезис «*проблемное обучение* – бесперспективная образовательная технология» обосновывается тем, что *эвристическая деятельность* студента в учебном процессе очень трудно программируется педагогом. Последнее выделенное курсивом (эвристика) – лишь один сегмент обсуждаемого *проблемного обучения* и отнюдь не всегда в нём «присутствует».

Четвёртой «ловушкой» диалога является неустановление с самого начала диалога *пунктов разногласия* сторон: часто противник исходного тезиса фальсифицирует способ его обоснования оппонентом, и это воспринимается как фальсификация исходного тезиса. Например, продуктивность включения в образовательный процесс современного университета проблемного обучения обосновывается множественными попытками его теоретического описания и внедрения в практику обучения в 70–80-е гг. прошлого века (ссылка на авторитет, освящённая именами М.Н. Скаткина, И.Я. Лернера, М.И. Махмутова, А.В. Брушлинского, Т.В. Кудрявцева). Объявляя такое контекстуальное обоснование *недостаточным*, оппонент никоим образом не имеет права фальсифицировать исходный тезис. Вполне возможно, недостаточное обоснование предшественников может быть дополнено современностью.

Иногда в диалоге получается так, что исходный тезис «расслаивается» на правильное и неправильное, и принять его становится возможным лишь в какой-то части. Такое расслоение, например, может обнаружиться в процессе диалогового усечения области применения изобретенной авторомтехнологии или обучающей методики – уточнения того контингента обучающихся, для которых она применима, выдвижения дополнительных педагогических условий эффективного её использования. Такое расслоение может проявляться и в том случае, когда дискутируется сразу несколько аргументов, выдвинутых каким-либо участником диалога. При этом некоторые из них могут быть почти приняты противной для «нападающего» в диалоге стороной, а некоторые – отвергнуты или приняты с жёстким усечением. В этом случае весьма трудно понять степень подтверждения / опровержения исходного тезиса.

Ещё более трудным диалоговым сюжетом является такой, когда в ответ на выдвинутое партнёром мнение один из участников выдвигает интеллектуальное «нечто», ни к возражению, ни к подтверждению высказанного не относимое. Пример из одного интервью.

Участник 1: мы до сих пор не можем решить проблему содержания среднего образования…

Участник 2: но ведь масса исследовательских и организационных усилий в этом направлении были осуществлены…

Участник 1 (перебивая): но ведь мы ещё до сих пор не знаем, что такое учебный предмет…

Сложность продолжения такого диалога в том, что абсолютно неясно, как выяснение того, что такое учебный предмет (спор на уровне определения) поможет грамотно определить содержание среднего образования.

Говоря о «ловушках» диалога в научной педагогике, нельзя забыть про софистические ловушки, когда участник диалога, желающий одержать победу над своими оппонентами, специально, намеренно прибегает к различным ухищрениям – для того, чтобы свою правоту всячески обосновать. Среди таких ухищрений уже упомянутый *преднамеренный* уход одного участника от исходного тезиса – с тем, чтобы «сдвинутый» тезис обосновать, одержав победу над противником. Среди таких «ловушек» и указание оппоненту на то, что его вывод противоречит (не согласуется) с неким высказанным в обсуждаемом диалоге ранее – ответ на такое возражение отвлекает внимание одного из участников от главной нити обсуждения. Занимающиеся проблемами логики учёные указывают, что к софистическим «ловушкам» относится и адресация оппоненту обвинения в том, что его выводы выявляют противоречие между словом и делом: «Вы защищаете идею проблемно-эвристического университетского образования, а сами её в своей практике не используете!»

К числу софистических «ловушек» в педагогическом диалоге можно отнести и неполное (частичное) опровержение, быстро выдаваемое одним из участников за полное и безоговорочное. Или специальное опровержение выводов оппонента в какой-то малой, частной области, выдаваемое за полное и безоговорочное опровержение начального тезиса. Или обусловленные неточностью и неоднозначностью педагогических определений софистические «игры» синонимов.

Педагогический диалог и добывание нового знания. Одна из важнейших функций научного диалога в исследовательской педагогике выражаема клише *«диалог как инструмент добывания и источник новых знаний»*. Этот тезис вполне понятен – в процессе равноправного, партнёрского диалога каждый из участников выдвигает массу доводов в защиту своей позиции, цитирует авторов различных источников (и не только педагогического направления, а психологов и философов), выдвигает свои идеи, которые, вполне возможно, партнёру по диалогу были не знакомы или знакомы лишь понаслышке. Ещё более очевиден тезис «диалог – источник знаний» применительно к интервью – это тоже один из вариантов научного диалога. В письменном варианте такие статьи иногда появляются на страницах педагогических журналов: редактор задаёт вопросы на заранее обозначенную тему видному, известному учёному, организатору образования, управленцу и т.п., и это как нечто похожее на стенограмму появляется в печатном виде. Рубрикация при этом такая: *редактор* (далее следует содержание вопроса интервьюируемому или уточнения, краткого комментария для читателей) и «*интервьюируемый*» (далее следует содержание ответов на поставленные вопросы). Вдобавок редактор предлагает свои комментарии, формулирует промежуточные и финальные выводы, ставит вопросы слушателям.

Менее тривиален тезис «диалог как источник знаний» применительно к диалогу (полилогу), в котором рождается коллективное *суммативное* знание, возникшее непосредственно в процессе обсуждения, по принципу «целое из небольших осколков», естественно, с добавлением в это целое «кумулятива» (так учит синергетика, позиционирующая качественное обогащение целого по сравнению с простой суммой его фрагментов). Это происходит, скорее всего, не сразу, непосредственно в диалоге, а несколько отсроченно, в процессе постепенного «переваривания» научным сообществом добытого в ходе дискуссии педагогического знания.

Рефлексивный компонент педагогического диалога. Второй функцией диалога является *рефлексия участниками результатов своих исследований, обоснование своих выводов и методов их получения.* Основано такое утверждение на известной особенности человеческой психики: в процессе проговаривания своих взглядов и выводов, необходимости их отстаивать в возникшем споре, человек (исследователь-педагог, в частности) по-новому понимает их смысловые ракурсы, переосмысливает то, что ранее считал для себя незыблемым, раз и навсегда устоявшимся, переставляет акценты значимости, смысловые и содержательные доминанты. Такая рефлексия может иметь широкий спектр последствий: и пересмотр одним из участников своих позиций и убеждений – вплоть до разворота на сто восемьдесят градусов, и наоборот, ещё более сильная (чем до дискуссии) готовность их отстаивать.И конечно, возможны различные промежуточные варианты, связанные с уточнением участниками дискуссии отдельных компонентов собственных педагогических взглядов и представлений, тем или иным смещением акцентов и оценок по части степени значимости и многое другое.

В связи с рефлексивной составляющей научного педагогического диалога обсудим проблему связи критического мышления и толерантности его участников. Вначале поговорим о педагогической научной дискуссии – по утверждению многих науковедов, она есть наиболее сильная и совершенная форма диалога в науке.

Дискуссия предполагает чёткое сопоставление не совпадающих между собой точек зрения по различным вопросам в педагогике, по разрешению противоречий различного масштаба и содержательного ракурса. Естественно, что научная дискуссия будет тем плодотворней, чем больше нетривиальных и проблемных вопросов возникает в процессе обсуждения, чем большая степень интеллектуального напряжения возникает у его участников.

С точки зрения научного поиска важно то, что в процессе научной дискуссии учёный вступает в *диалог* как со своими предшественниками, так и с оппонентами-современниками, подвергая в той или иной степени критическому осмыслению их подходы, взгляды, позиции, точки зрения, пытаясь доказать и обосновать правомерность и продуктивность собственной. Обе стороны вступают в противоборство с использованием в качестве средств «цивилизованной интеллектуальной борьбы» установленных кем-либо когда-либо фактов, их содержательной «привязки» к конкретной дискуссионной ситуации, наконец, комплекса приёмов обоснования и доказательства (логический компонент дискуссии). Отметим, что в коммуникативно-эпистемическом поле дискуссии важнейшее место занимает вопрос или проблема, возникающие перед учёным социумом на определённом этапе развития педагогической науки. Вокруг решения таких вопросов или проблем возникает система возможных ответов, – в логике аргументации это именуется тезисом или совокупностью тезисов, вокруг которых и разворачивается обсуждение, выстраивается сложная цепь логико-содержательных предъявленийкаждым участником своих позиций, переплетённая со множеством эпистемических, коммуникативных, психологических элементов и факторов, в совокупности в ряде случаев провоцирующих даже драматический, конфликтогенный характер дискуссии.

Потому и актуально формирование заявленной чуть выше дискуссионной или диалоговой толерантности его участников, которая в первом приближении включает в себя:

- попытки более точно выяснить и позиционно представить степень различия взглядов, идей и подходов разных «противоборствующих» сторон, в частности, выяснить, не являются ли два выражаемых различными словами (терминами, понятиями, клише) концепта достаточно близкими – по сути

и внутреннему глубинному смыслу, и ошибочно воспринима-
емыми оппонентами как абсолютно несовместимые;

– попытки выяснить, не могут ли представленные две на первый взгляд несовместимые позиции, точки зрения и т.п.
быть рассмотрены в логике принципа дополнительности,
то есть не являются ли они лишь «разными сторонами одной медали», разными ракурсами одного и того же феномена. При этом каждая по отдельности позиция или очка
зрения не могут дать исчерпывающей картины этого феномена (или педагогического процесса) – это возможно только в совместном формате;

– соблюдение этических правил «хорошего тона» дискуссии,
включающих недопустимость перехода с сути критикуемых взглядов на личность оппонента, приписывания ему
таких смыслов и трактовок, которых он никогда не заяв-
лял, таких утверждений, которые он никогда не выдвигал;
проявление готовности принять (полностью или частично)
оппонентскую точку зрения, если она будет должным образом обоснована и содержательно подкреплена.

Проблема такого выражения партнёрами по диалогу своих
мыслей, при котором они будут адекватно восприняты собесед-
никами, осознаны и приняты «противниками» в диалоге, способными выдвинуть обоснованные контрдоводы, рассматривается
в рамках *педагогической диалогической культуры*.

Культура диалога в педагогике. Приведём тезисную расшиф-
ровку этого понятия:

– поисковый устный диалог продуктивен только в том случае, когда каждый из участников заявляет свою позицию
кратко, иногда с использованием ярких и понятных другим участникам клише, образных стилистических форм,
формулируя и повторно выделяя (если в том чувствуется
необходимость) её суть в формате stans pede in uno (*стоя
на одной ноге – лат.*);

– если перед этим кратким резюме требуется раскрытие авторской позиции, то оно также осуществляется по возможности максимально кратко (в противном случае мысль
собеседника теряет транслируемую суть), например, такими фразами: итак, в пользу выдвигаемого мною подхода

в организации учебной деятельности… (в таком-то сегменте образовательного пространства) свидетельствуют следующие четыре обстоятельства: … (идёт перечисление); при этом неизбежен … (такой-то негатив), который по силе своего проявления (влияния) резко уступает прогнозируемым положительным приращениям… (указывается, каким конкретно) для личности обучаемых и может быть компенсирован… (таким-то способом);

– каждый из участников диалога заранее готов к тому, что его позиция не будет сразу адекватно понята оппонентом (оппонентами), и обязательно имеет в запасе несколько вариантов раскрытия, обоснования, доказательства своей идеи «другими словами»;

– каждый из участников внимательно слушает партнёра по диалогу, поддерживая «нить разговора», не уводя его в сторону от основной линии обсуждения, не приписывает оппоненту того, чего он не произнёс явно, не домысливает за него следствий (последствий) высказанного, которых сам автор не имел в виду. Конечно, за исключением случаев, когда этот вывод очевиден и почти сам собой напрашивается;

– вместе с тем каждый из участников диалога старается максимально внимательно «чувствовать ситуацию», иногда предвосхищая возможный ход мысли партнёра и свою реакцию, проявляя импровизационную готовность, выдвигая при необходимости веское возражение. Каждый из участников диалога способен при этом ответить партнёру по существу, подобрать дополнительные обстоятельства (доводы) для защиты своей позиции, – если на каком-то этапе ранее приведённые аргументы оппонентов не убеждают.

Иногда вместо примера позитивного статуса в диалоге полезен контрпример – того, «как делать не надо». В нашем случае яркими контрпримерами могут стать большинство демонстрируемых по телевизору ток-шоу, особенно на политические темы, в которых участники постоянно перебивают друг друга, сбиваются на истеричный тон разговора, совершенно не слушают собеседников, намеренно уводят диалог от изначально заданной темы и выбранной линии обсуждения, а ведущий своими репликами только подливает в огонь масла.

Пример диалога педагогического, толерантного и этически корректного. В журнале «Высшее образование в России» (№ 10, 2017) помещена статья А. С. Роботовой «Кто я: педагогический оптимист или пессимист?» [54], выполненная в формате заочного диалога с автором другой статьи «Современная образовательная ситуация: подходы к описанию и дискурсивная ответственность» А.А. Полонниковым [49]. Автор, в частности, считает, что ситуация в педагогике и образовании (гуманитарный кризис) может быть эффективно разрешена посредством трансформации языка описания образовательных феноменов. Идея весьма радикальная и к сожалению, обречённая. В связи с этим интересен стиль ответов А.С. Роботовой. Процитируем начало её критикующей статьи: *«не скрою, мне интересно читать статьи необычные, отчасти даже непонятные из-за обилия слов и терминов…»* – налицо уважительное отношение к критикуемому автору, желание понять декларируемую им позицию. Такой сдержанный стиль речи сохраняется и в последующем тексте: *… я не разделяю оптимизма автора в плане скорого создания обоснованной и чёткой системы языка…Сомневаюсь в необходимости радикальной лингвистической трансформации. Разве она может изменить коренным образом дело в педагогике?* – пишет А.С. Роботова [54]. Выражается определённая степень согласия с критикуемым автором и продолжается вопросом критикуемому автору: *Критическая педагогика (к этому призывает А.А. Полонников)…С этим я согласна. Но много ли найдётся авторов, желающих поддержать такую педагогику?* – пишет А.С. Роботова. В толерантном стиле написано и окончание статьи: *Статья А.А. Полонникова заставила о многом задуматься…Однако, перевод важной идеи в контекст лишь одной дискурсологии…несколько обеднят значение этой публикации [54].*

В таком же сдержанном стиле написан и «ответный ход» А.А. Полонникова: *её (А.С. Роботовой) работа как реакция на моё выступление проявила в нём ряд недоговорок, невольных упрощений, неэксплицированных контекстов, часть из которых (я надеюсь) удастся проявить в данном комментарии.* В этом и в следующем предложении очевидны стилистическая сдержанность и готовность автора принять иные точки зрения, нежели собственная: *выделенные тезисы в каком-то смысле являются моим авторским произволом, и вполне возможно, что другой читатель статьи А.С. Роботовой иначе расставит в ней акценты.*

Журнальный диалог продолжался, и в этом же номере была опубликована ответная статья А.С. Роботовой. Несмотря на то, что выдвинутые в своём «ответном ходе» мысли А.А. Полонникова ещё более радикальны, чем в первой статье (мы писали об этом в начале данного параграфа – Полонников ведёт речь о семиологическом повороте), тон повторного ответа А.С. Роботовой хотя и немного сильнее критически насыщен, но остаётся сдержанным и толерантным: *Да...Нелёгкая задача – включиться в дискуссию на страницах журнала...Перечитывая статью не один раз, я чувствовалакак нарастала моя критическая рефлексия* [54].

Сдержанный тон дискуссии – эта черта должна стать неотъемлемой в любом научном сообществе и в педагогическом, в частности.Это относится и к диалогу эксперта и автора, им рецензируемого: здесь необходимо соблюдать тонкую грань объективности, научной честности, непредвзятости и осторожного отношения к личности автора, допустившего ту или иную ошибку и заслуживающего не жёсткой, ироничной критики, а разъяснения, вдумчивого и кропотливого, продуктивного и стимулирующего к исправлению ошибок.

И тем не менее... Наши призывы к толерантности в процессе диалога не отменяют необходимости высказать оппоненту своё критическое мнение в том случае, если проявляются такие непродуктивные стратегии, как повышенно эмоциональное «продвижение» партнёром собственного вывода, обусловленное желанием самореализоваться, доказать значимость собственных результатов во что бы то ни стало. Такое высказывание может содержать указание оппоненту на ту или иную логическую некорректность, содержательную неподкреплённость выдвигаемого суждения реалиями образования, мнениями авторитетов, некорректно процитированными, на ту явно обнаруживаемую степень негатива, которая неизбежно зозникнет при внедрении методики оппонента в практику. Такая степень «аккуратной критичности» по отношению к оппоненту актуальна сегодня в педагогике, и это обусловлено непреодолимым желанием многих исследователей изобрести и закрепить за собой нечто сверхзначимое, глобальное, претендующее на существенную новизну, а при экспертировании оказывающееся неудачным пересказом давно известного, соединением в одно целое того, что реально не соединяемо, выведением мнимых следствий и т.п.

Краткий итог. Мы уделили в данном параграфе внимание «реальному» диалогу, – как письменному, так и устному, происходящему в «режиме реального времени», однако, следует сказать и о том, что существуют и другие формы исследовательского диалога. Например, к таковым относится публикация критической статьи (рецензии) на тот или иной печатный педагогический продукт, предполагающей ту или иную форму реакции критикуемого (в виде ответной статьи, просто в ходе личной беседы, обмена мнениями с использованием электронной почты) или другого учёного, имеющего желание высказаться по какому-либо вопросу.

Помимо двух достаточно подробно описанных в параграфе функций диалога в исследовательском пространстве педагогики отметим ещё одну – участие в таком диалоге способствует нахождению его участниками научных единомышленников, будущих соавторов в публикационной деятельности, соучастников будущих педагогических экспериментов, а может быть, и научно-педагогических школ.

1.4. Научно-педагогический диалог: минуя подводные камни и обходя мели

Педагогический диалог весьма неоднозначен, его финал часто не позволяет точно обозначить результат – по причине невозможности чётко обозначить схему рассуждений, количественно отобразить все влияющие на результат и вывод факторы и обстоятельства. Приведём пример.

В качестве конкретного примера, проектирующего все это в плоскость диалога, приведем проблему инженерного образования и сошлемся на авторов статьи [36] Х.Г. Тхагапсоева и М.М. Яхутлова, утверждающих, в частности, что дискурс об истории и современном состоянии отечественного инженерного образования имеет одну особенность: оценки различных авторов по поводу его состояния в нашем отечестве сильно разнятся, порой – полярно. Так, авторы из МГТУ им. Н.Э. Баумана утверждают, что сегодня «лучшие российские технические университеты находятся на уровне ведущих инженерных центров мира» [25].

Другие же убеждены, что инженерное образование у нас находится в глубоком кризисе и для его преодоления недостаточно усилий самой сферы образования, – необходимы государственные меры стратегического плана: реиндустриализация России, принятие закона об инженерной деятельности, выработка национальной концепции инженерного образования и др. Эти идеи разделяются и авторами аналитического доклада «Современное инженерное образование [25].

Разумеется, противоречия и расхождения в позициях и оценках неизбежны в любом дискурсе, более того – именно они являются «драйвером» поиска решений. Отчасти так происходит и в данном случае, – ведь в ходе полемики предлагаются различные механизмы решения проблем инженерного образования. Однако если учитывать, что за разными позициями стоят лидеры и известные профессионалы российского инженерного образования, то очевидно, что концептуальные нестыковки являют собой свидетельство необходимости многопланового, глубокого научно-педагогического диалога по перечисленным острым проблемам.

Раскрывая это чуть более подробно, отметим, что такие *диалоги* иногда происходят, но к большому сожалению, их итогом становятся односторонние, не учитывающие многоаспектного характера обсуждаемых проблем выводы и рекомендации.

Что касается инженерного образования, то, в частности, сегодня всё более ясной становится такая мысль: необоснованной представляется и активно отстаиваемая в последних дискуссиях мысль о доминирующей роли вызовов инновационной экономики в адрес инженерного образования. Ведь суть и облик инновационной экономики трактуются далеко не однозначно. Зачастую под инновационной понимается лишь экономика «общества знаний», основанная на технологиях микроэлектроники, генной инженерии, производства новых видов энергии, на нанотехнологиях и наносистемной технике; на конвергентных «нано-био-инфо-когнитивный (НБИК)» технологиях. Но дело в том, что в экономике современной России доля этих технологий пока не дотягивает и до 10% [25]. Может ли стратегия подготовки инженера в стране ориентироваться лишь на столь незначительный сектор экономики, строиться только в его интересах?

Разумеется, никто не призывает к консерватизму и, конечно же, не требует поставить судьбу инженерного образования в зависимость от технологического отставания большинства отраслей российской экономики. Речь идет о том, что существует и иное понимание инновационной экономики: это «экономика, способная эффективно использовать любые полезные для общества и его прогресса инновации – патенты, лицензии, достижения науки, технологические ноу-хау». Очевидно, что именно такой взгляд на меру инновационности экономики может быть основой стратегии образования для многих (если не большинства) инженерных направлений [36].

Как видно из приведённого фрагмента текста, речь идет о взвешенном учёте множества факторов, влияющих на характер протекания исследуемого образовательного феномена, о различных трудно отображаемых на языке науки обстоятельствах. И конечно, о неоднозначности прогнозного анализа последствий при кардинальных изменениях образовательных программ. Одним из возможных методов такой деятельности является научно-педагогический диалог.

Какие бывают диалоги в научной педагогике? Рассмотрим далее известную нам типологию научно-педагогических диалогов, не претендуя на соблюдение правил классификационного деления. По численности участников целесообразно выделить *диалоги и полилоги,* – в последнем случае в обсуждение включаются одновременно несколько участников или целая аудитория, иногда в масштабах всей страны. Это, в частности, позволяет выделить устный конференционный (симпозиумный) полилог, смешанный по формам научного общения полиформатный диалог по злободневным темам, касающимся государственной системы образования, а также диалог в процессе беседы научного руководителя (консультанта) с аспирантом или докторантом.

Можно также выделить особо письменный диалог и в качестве его подтипов: а) письменный латентный (когда автор спорит с оппонентами, высказывает в письменной форме различные контрдоводы по отношению к тому, что высказывают исследователи-предшественники); и б) письменный «непосредственный» диалог – например, в виде запротоколированного интервью редактора с видным ученым или практиком образования или «круглого стола» по той или иной актуальной педагогической проблеме.

Диалог – источник информации. Отметим далее, что обозначенный в заглавии параграфа тезис прежде всего выражает мысль о том, что участвующий в диалоге ученый-исследователь увеличивает «массу» своего научного «багажа» – посредством того, что слышит и воспринимает от партнера по диалогу. А также мысль о том, что педагогическое научное сообщество (в целом) открывает для себя результаты, по каким-либо причинам не получившие широкого распространения, однако, содержащие значимый гностический и практический потенциал. Применительно к конкретному диалоговому сюжету это предполагает использование одним из участников диалога *эмпирической аргументации*, неотъемлемым элементом которой является ссылка на опыт, эмпирические данные. Например, на опубликованные в каких-либо источниках данные, например, связанные с достижениями из области передового педагогического опыта, так или иначе содержательно перекликающимися с предметом обсуждения партнёрами по диалогу. Выраженный в таком «эмпирическом аргументе» тезис зачастую предстает в качестве контраргумента, приводимого одним из участников диалога. Приведём пример:

1-й участник: таким образом, на сегодня пока еще не найдены подходы к конструированию методик эффективной и оперативной адаптации студентов с недостаточным уровнем школьной подготовки к полноценному обучению в вузе (далее идет перечисление занимавшихся проблемой авторов и актуальных нерешенных ее компонентов).

2-й участник: не могу с Вами согласиться – например, совсем недавно было опубликовано ... (статья, монография, научно-педагогический очерк и т.п. – с названием используемого источника), в котором представлен подход, позволяющий эффективно решать обсуждаемую нами злободневную проблему ... (идет изложение сути этого неизвестного оппоненту подхода).

• • • • • • •

Информационный компонент педагогического диалога, конечно, не исчерпывается тем, что было приведено выше, и его дальнейший анализ целесообразноакцентировать на той мысли, которая ярко выражена в одной из последних работ В.В. Краевского [28]: «между реальной конкретностью и ее воспроизведением в мысленной конкретности *лежат промежуточные звенья концептуального анализа* [выдел. авт. – А.К., Ю.И.], позволяющие вписать эмпирические данные в мысленную конкретность, объяснить и разрешать те несоответствия, которые возникают между абстрактной теоретической схемой и конкретной реальностью [28]. Для педагогического диалога эта мысль «переводится» примерно так: если до некоторого момента тот или иной фрагмент педагогической теории и практики существовал в сознании участника диалога в «диффузной», далекой от конкретики форме, то диалогический процесс способствовал его «кристаллизации», четкому структурированному оформлению, переходу в сознании от неподдерживаемых образно абстрактных форм к «четко осязаемой мысленной конкретике»[28].

Диалог и рефлексия педагогического знания. Помимо *информационного* аспекта педагогический диалог адресуется также и к *рефлексивному*, и это обусловлено рядом обстоятельств:

- педагогический диалог способен инициировать глубокое содержательное осмысление его участниками того социального и профессионального опыта, который был накоплен интеллектуалами высокого уровня, внесшими значительный вклад в сокровищницу педагогической мысли. К данному тезису можно отнести и осмысление участниками диалога философских и общенаучных основ, исторических корней того педагогического знания, которое сохранило актуальность и в современном научно-образовательном пространстве; прослеживание этапов «научной эволюции» того или иного педагогического феномена. Все это позволяет «партнерам по диалогу» многократно переосмыслить то, что кажется давно незыблемым и навсегда устоявшимся, переставить смысловые и содержательные акценты в «наличном» педагогическом знании; найти дополнительное авторитетное подтверждение (или опровержение) тому мнению, убеждению, представлению, которое сформировалось в их сознании в предшествующий период; такое переосмысление дает участникам диалога интеллектуальный импульс дальнейшего продуктивного «движения» в области педагогики, – как теоретической, так и в экспериментальной;
- переводя приведённые выше общие положения в конкретную плоскость, укажем, что педагогический диалог на основе глубокого, всестороннего и разнопланового осмысления объектов и феноменов позволяет практикам выявить *причины* того или иного характера протекания педагогических явлений, в случае необходимости доопределив то, что высказывали по этому поводу предшественники, а также определить известный к моменту обсуждения комплекс факторов

и условий, влияющих на характер протекания процессов и явлений образовательного поля, в частности, переставив местами считающиеся традиционно значимыми условия и факторы и пренебрежимые, на которые по ряду причин педагогический социум не обращает внимания;

– особый акцент в плане конкретизации рефлексивного потенциала диалога следует сделать на возможности «проявления» в процессе дискуссии, диспута, круглого стола и т.п. иллюзорных эффектов, т.е. таких ситуаций, в которых предлагаемый кем-либо подход (способ организации деятельности и т.п.) создает лишь видимость продуктивного решения проблемы – а на самом деле оно лежит совершенно в другой плоскости, требуя дополнительного углубленного, детального анализа ситуации (обманчивая простота, преувеличенная сложность, распространенное заблуждение);

– из представленного в предыдущем пункте логично вытекает то обстоятельство, что участники диалога имеют возможность ограничить, сузить область применимости выводов и результатов друг друга, либо тех, которые получены и продекларированы «третьими» исследователями, выявить одно или несколько дополнительных условий, необходимых для того, чтобы все заявленное самими участниками или другими представителями педагогической науки и практики можно было бы эффективно регулировать на практике, достигнув желаемого результата;

– возможен и «обратный эффект»: участники диалога имеют возможность расширить область применимости декларированных кем-либо результатов, выявив тот их скрытый потенциал, который остался в тени для самих авторов, предложивших тот или иной подход, технологию, методику и т.п.

Рефлексивный пласт диалога в педагогике проявляет осознание участниками его обобщённой структуры, в которую входит вопрос одного из участников социуму, опосредующий систему озвучиваемых рассуждений, умозаключений, выводов и посылов к продолжению обсуждения исходного тезиса.В конце концов всё это приводит участников к определённой степени взаимосогласия с фиксацией аспектов не до конца выясненных, требующих дополнительного исследования и обсуждения. Это дополняется и *отсроченным осмыслением* участником диалога всех произошедших сюжетов: как был сформулирован исходный вопрос-тезис для обсуждения, какие мнения были озвучены, насколько они соблюдали правила логических умозаключений, какие ответы были даны самим автором представляемого проекта критиковавшим участникам, как можно было бы перестроить происходивший некогда диалог, – с тем чтобы высказанные мысли получили адекватный отклик социума. К отсроченному осмыслению автором-участником диалога относятся и такие сюжеты: сначала доводы оппонентов вызывают полное неприятие (отчуждение), затем по прошествии времени происходит углублённое авторское переосмысление предъявленных партнёром возражений, частичное согласие и попытки модифицировать собственный проект так, чтобы оппонент принял его результаты.

К сказанному выше по поводу рефлексивного компонента научно-педагогического диалога мы считаем необходимым добавить, что по сути рефлексия в процессе диалога может быть позиционирована таким клише: «концепт *смысл* в процессе анализа педагогической действительности».

Продуктивный аспект педагогического диалога. Рефлексивный пласт педагогического диалога естественным образом опосредует *продуктивную* его составляющую – то самое главное, что конкретно проявляют тезисы: *диалог как инструмент педагогического исследования; диалог как инструмент «добывания» нового педагогического знания.* Мы считали целесообразным представить это в виде ряда развернутых положений:

а) в процессе диалога очень часто выявляются или «ярче», чем ранее (до обсуждаемого диалога) высвечиваются имеющие место в педагогической теории и практике противоречия, несоответствия, а иногда и серьезные, значимые проблемы – участники диалога могут востребовать эту информацию как руководство к действию, ориентир для собственного научного поиска, а иногда авторское подтверждение актуальности той или иной предполагаемой для разработки педагогической темы;

б) более того, в процессе диалога иногда вырабатывается («коллективным разумом») эскиз, контур теоретического и/или практического решения вскрывшейся или ярко высветившейся проблемы, и реализация этого решения адресуется либо начинающему исследователю, либо тому, кто заинтересован в нем;

в) в ряде случаев в процессе диалога «обострённо выделяются» две в некоторой степени полярные точки зрения, «исследовательские платформы», – участники диалога так или иначе мотивируются либо к осуществлению выбора (согласиться с одной идеей, отвергнуть другую), либо к реализации продуктивного синтеза полярных идей, – нечто подобное их рассмотрению в логике методологического принципа дополнительности.

Приведем схематичный пример (эскиз) фрагмента такого диалога, связанного с идеей школы самоопределения А.Н.Тубельского.

Участник I:

Концепция школы самоопределения основывается на антропологическом предположении о том, что, появившись на свет, индивид начинает осуществлять свою предзаданность, которая реализуется в онтогенезе (индивидуальное развитие организма) в определенных культуросообразных формах мышления и деятельности (философии, религии, науке, искусстве, экономике, производстве и т.п.). В таком случае процесс становления личности можно определить как развертывание этой предзаданности, а процесс образования как процесс поиска, узнавания. Формирования образа «я» роль школы при этом состоит в создании системы благоприятных условий для осуществления такого процесса. Каждому ребенку предоставляется возможность в любое время заняться любимым делом столько, сколько ему необходимо «искать себя», пробовать в любом виде деятельности. Школа разворачивает перед ним сферу возможностей в виде создания отвечающих детским запросам и заказам содержательных пространств: самообразовательного, учебного, творческого, социально-правового, трудового, досугового, игрового и т.п. ... проявление детьми инициативы и предложений по организации образовательного процесса мы считаем основным показателем наличия самоопределений в отношении образования. И это исходя из нашей концепции, для нас важнее объема конкретных знаний выпускника школы.

Участник II:

Однако, при чуть более глубоком осмыслении возникает много вопросов. Например, «Как может ученик, не зная всего объема содержания образования по тому или иному предмету, выбрать те разделы, которые с его точки зрения ему окажутся в жизни необходимыми?» постановка детей в положение, когда они должны делать выбор, самоопределяться, – процедура, возможно, и полезная в ряде случаев в определенном возрасте. Но не окажется ли ребенок в положении буриданова осла, который, как известно, издох от голода, стоя между двумя охапками сена только потому, что не знал, с какой из них нужно начать это сено есть?

<u>Участник I:</u>

Вместе с тем, общеизвестно, что школа А.Н.Тубельского имеет высокий общественный авторитет в столице, популярна среди родителей, не теряет на протяжении многих лет контингента учеников – и это дает основания считать мнение А.Н.Тубельского имеющим право на существование [45].

• • • • • • •

Окончательный результат диалога, «пришедшего» к обсуждаемому продуктивному синтезу идей, мог бы быть, например, следующим: идея самоопределения, заложенная в ценностные основания, в философию школы, вполне имеет право на существование и может дать хорошие результаты, если она будет звучать хотя бы так:

а) какой-то минимум ребенку предлагается как обязательный; какой-то объем (на основе всестороннего изучения ребенка) аргументированно рекомендуется;

б) какой-то объем, меру глубины изучения, меру участия, меру ответственности ребенок выбирает сам, но его обязательно предварительно знакомят *со всем предлагаемым объёмом*, обучают методике выбора, дают хоть какие-то основания для этого выбора, учат сопоставлять интересное и необходимое, учат находить оптимум общенеобходимого и индивидуально понятного и интересного, обязательного и факультативного, нормативного и творческого и т.п.

Теперь о полилогах. Мы вели речь до сих пор преимущественно о «парном» диалоге, и всё представленное неявно относилось к процессу отстаивания автором-индивидуалом своих «ноу-хау» в споре с партнёром, так или иначе несогласным с тем, что предлагается. Сейчас необходимо обсудить *полилог* или диалог, в который включено множество участников, обсуждающих проблему, связанную с целесообразностью (или нецелесообразностью) широкомасштабных акций и проектов в области образования. К таковым относятся, например, дискуссии о необходимости и целесообразности замены традиционных в советский и постсоветский периоды вузовских вступительных испытаний на Единый Государственный Экзамен после окончания средней школы, происходившие в обществе достаточно интенсивно в предшествующие десять лет, не утихающие и сегодня.

Этим примером далеко не исчерпывается весь спектр аналогичных примеров, однако, уже на данном этапе изложения есть возможность сформулировать характерные отличительные черты и особенности полилогов в педагогическом сообществе, в процессе которых обсуждаются глобальные проблемы, относящиеся к широкому сегменту образования как социальной системы.

Во-первых, к их числу относится достаточно высокая степень сложности и неоднозначности финального решения, которое могло бы способствовать прогрессу общества и в той или иной степени соответствовать интересам множества людей: обучающихся, педагогов, родителей обучающихся, всего того сегмента социума, который «принимает» оканчивающих обучение в системе общего среднего и среднего профессионального образования.

Во-вторых, всё только что отмеченное обусловливает необходимость учёта участниками полилога огромного множества часто разнонаправленных факторов, обстоятельств, причин, предпосылок и т.п. – иногда локализованных внутри образовательного пространства, а гораздо чаще выходящих за его пределы, например, в сферу интересов различных социальных групп. Потому в качестве особенностей полилога мы специально выделяем: многообразие его форм; этапность, предполагающую временную растянутость; расчленяемость крупной, стержневой темы на более мелкие, соподчинённые, связанные сложными и неоднозначными цепочками взаимозависимостей.

Раскрывая многообразие форм обсуждаемого сейчас полилога, укажем на такие организационные «сюжеты», как: а) несколько (небольших по объёму выборок участников) традиционных полилогов – в отдельных образовательных учреждениях, НИИ, на экспериментальных площадках; б) несколько конференционных диалогов на базе ряда учреждений (НИИ, вузов, экспериментальных баз) с привлечением представителей структур, связанных с управлением образованием местного или регионального уровня; в) публикация статей дискуссионного характера, возможно, содержащих фрагменты интервью по тем или иным аспектам обсуждаемой темы, обобщающие и резюмирующие комментарии интервьюера (интервьюирующего); г) организация диалогов в режиме теледискуссий (круглых столов, ток-шоу) с широким привлечением всех заинтересованных лиц, глубоко владеющих ситуацией и способных высказать адекватные с точки зрения логики и содержания проблем оценки, а также предложить реальные способы их решения.

В-третьих, ещё одной из особенностей обсуждаемого полилога является периодическое возвращение педагогического сообщества к обсуждению главного вопроса – после того, например, когда организован пробный (пилотный) педагогический эксперимент и получены результаты, требующие осмысления, на основе которого возможна разумная корректировка инновационной акции.

Одним из примеров современного полилога является дискуссия в печати и в различных устных форматах по поводу практики государственной аккредитации вузов. Фрагментом такой дискуссии является опубликованное в газете «Московский комсомолец» от 3 июля 2018 года обращение 50 вузов к президенту РФ по поводу модификации процедуры госаккредитации, в котором инициаторы полилога предлагают избавить вузы от ненужной бумажной волокиты, допустить к оценке образовательного процесса работодателей будущих выпускников университетов, других заинтересованных в качестве образования лиц, не сужая круг экспертов чиновниками. В числе приводимых инициаторами полилога аргументов, например, не отмена процедуры аккредитации, а предложения по трансформации этой процедуры, переводу её из метода проверки «бумаг» в механизм повышения реального качества высшего образования. В ответ на вызов вузовского сообщества Рособрнадзор отмечает, что ряд предлагаемых инициатив уже присутствуют в аккредитационных процедурах, выдвигает собственное видение перспективы аттестационного процесса, и полилог продолжается.

Педагогический диалог самой различной масштабности и содержательной направленности может быть реализован и в продуктивном формате – как средство получения нового знания в области педагогики и образования, как инструмент научного познания в данных областях человеческой деятельности.

Организация диалога, в результате которого возникает новое педагогическое знание («искусство диалога»), и его функциональные возможности как инструмента педагогического исследования. В данном подразделе мы предполагаем рассмотреть «технологию» организации такого диалога, который приводит к «рождению» нового педагогического знания, и сформулируем в развернутом виде ряд критериев, которым такому диалогу желательно соответствовать.

Поставленный одним из участников или «внешним» организатором вопрос, «центральный пункт» предстоящего диалога должен быть неоднозначным, не предполагающим быстрого ответа (да – нет). Он должен быть таким, чтобы исходный тезис опосредовал последующий дискуссионный формат, мотивировал бы участников дискуссии к развёрнутому проговариванию своей точки зрения на обсуждаемую проблему, ее последовательному «отстаиванию» с применением как можно большего числа аргументов.

В процессе диалога – особенно на начальном этапе – целесообразно как можно более четкое фиксирование участниками «исходных позиций»:

– на результаты каких авторов-предшественников опирается каждый из участников диалога, как они обозначаются в наличествующей литературе; если имеется несколько значимых и широко известных концепций, теорий, подходов, парадигм, то на каких из них (конкретно) базируется авторский подход (участников диалога) – в противовес часто используемому в педагогических диалогах «как утверждают авторы теории развивающего обучения Л.В. Занков и В.В. Давыдов, …» [реально это две значимо различающихся теории и «опираться» на них одновременно невозможно];

– что понимает предлагающий ту или иную педагогическую конструкцию (подход, взгляд, теорию, теоретический фрагмент) под тем или иным термином, клише и т.п. – в современных реалиях развития педагогики фиксируются:

а) обозначение одним термином существенно различающихся сущностей (феноменов, процессов, подходов, технологий и т.п.): сегодня существует огромное множество версий компетентностного, деятельностного и других подходов, проблемного, развивающего обучения и многих других педагогических конструктов;

б) обозначение одного феномена (процесса, подхода к организации деятельности в образовательном процессе) различными теоретическими категориями [педагогическая поддержка, педагогическое сопровождение, фасилитация и т.п.];

– участники диалога четко позиционируют то, чем отличаются предлагаемые ими подходы, идеи, методические решения от традиционных и опубликованных, какова реальная степень новизны предлагаемого.

Раскрытие авторской позиции каждым из участников диалога происходит с возможно более чётким фиксированием логических «шагов» приводимого рассуждения, умозаключения, обоснования, доказательства и т.п. – если и не произносимых «напрямую», то ясно осознаваемых участниками диалога. Например, в логике целевого обоснования: если некоторый объект (результат) А имеет позитивную ценность, а некоторое средство (метод, способ, прием) В позволяет достигнуть результата А, то средство (способ, прием) В также имеет позитивную ценность.

Фиксирование логических «шагов» предполагает также осмысливание однозначности декларируемых причинно-следственных связей, их различение с отношениями типа *«повод – явление»* (несмешивание причины и повода); скрупулезный анализ предлагаемого комплекса условий на предмет достаточности (в отношении предполагаемого результата), разделение выдвинутых условий на необходимые и достаточные, минимально необходимые, целесообразно желательные, необходимые для достижения «продвинутого» результата, для достижения участниками образовательного процесса высокого уровня сформированности знаний, умений, стратегий деятельности.

Каждый участник диалога, декларируя позитивную ценность предлагаемых инновационных идей, подходов, методик, технологий и т.п., не скрывает и того неизбежного негатива, который они могут внести в образовательный процесс – это может быть выражено примерно следующими клише: итак, в пользу выдвигаемого мною (нами) подхода к организации учебной деятельности ... свидетельствуют следующие обстоятельства ... (идёт перечисление); однако при этом неизбежен ... (такой-то негатив), который тем не менее по силе своего проявления резко уступает положительным приращениям ... (указывается, каким конкретно) для развития личности обучаемых и может быть компенсирован ... (таким-то способом).

Последнее предполагает углубленный, вдумчивый анализ и выявление как можно более широкого комплекса факторов, оказывающих то или иное влияние на ход образовательного процесса, на достигаемые его участниками результаты. Это предполагает, в свою очередь, способность каждого участника прислушаться к добавлениям, возражениям, комментариям, уточнениям, приводимым оппонентами, быть готовым к внесению тех или иных корректировок в первоначально декларируемый авторский замысел.

Продуктивный (с точки зрения получения нового знания) научно-педагогический диалог предполагает реализацию формулы «соглашаясь, дополняйте». Применительно к педагогике спектр возможных дополнений «согласия» может быть выражен, в частности, таким клише:

- наряду с теми позитивными личностными приращениями, на который указывает ... , есть еще одно значимое обстоятельство ... ;
- автор (мой «коллега» по диалогу) полагает, что главным позитивным приращением, обусловленным внедрением его методики, является ... Однако, гораздо более важно в позитивном плане ... ;
- несмотря на очевидную (или глубоко обоснованную) моим «партнёром» по диалогу позитивную ценность ... (такого-то метода, приема, подхода, идеи), остается неисследованным ... (такой-то сегмент, аспект обсуждаемой проблемы).Но мне кажется, что это позволит обогатить позитивный потенциал предлагаемой для обсуждения идеи (теории, подхода, методики и т.п.).

Участники продуктивного научно-педагогического диалога неизбежно сталкиваются с необходимостью выражения собственного несогласия с мнением «оппонента». При этом критиковать позицию «оппонента» имеет смысл с таким же чётким фиксированием «логических шагов», о котором шла речь чуть выше.Если в случае выражения согласия их не всегда обязательно озвучивать, то в случае выражения несогласия его инициатор должен быть готов их произнести, причем так, чтобы всё высказанное максимально быстро и адекватно понял оппонент («партнер» по диалогу) и участвующая в диалоге аудитория. Безусловно, этим не ограничивается проблема выражения несогласия в диалоге – к числу возможных отклоняющих позицию партнёра аргументов могут относиться эмпирические конструкты (примеры, иллюстрации, ссылки на опубликованные результаты педагогического эксперимента и т.п.). Вдобавок к отмеченному необходимо указать, что в процессе критики ни в коем случае нельзя переходить на личность критикуемого, а также приписывать ему таких мыслей, которых он никогда не высказывал, и критиковать следствия из его утверждений, которые на самом деле из них не вытекают.

В этом пункте следует отметить, что каждому из участников диалога следует быть готовым к тому, что его позиция не будет с первого предъявления адекватно воспринята и понята оппонентом (партнером по диалогу). Потому целесообразно иметь в запасе несколько вариантов раскрытия своей точки зрения, обоснования, доказательства – «другими словами», стилистически ярких клише, убедительных примеров, иллюстраций, дополнительных аргументов в пользу защищаемого собственного тезиса;

Каждый участник диалога, высказывая то или иное критическое суждение, должен понимать «логику» своего возражения или согласия. Если в качестве аргумента критики партнёра используется отсыл к авторитету, то следует понимать, насколько уместно обращение к конкретному авторитету, насколько высказываемое референтной фигурой мнение соотносится с условиями той реальности, в которую авторитетное мнение адресуется; не употреблять применённую кем-либо метафору в буквальном смысле. Такое же осторожное обращение требуется в случае применения аргумента к той или иной традиции, аналогии или экстраполяции.

Для продуктивного диалога необходим учёт его организатором того, что исходный тезис должен быть максимально точно определён, он должен быть максимально «просвечен» с точки зрения корректного определения включённых в него терминов. Это означает обязательную отображённость тех ракурсов, теоретических схем, на основе которых определение базовых компонентов тезиса будет сформулировано участниками диалога. Это также предполагает необходимость организатору диалога предусмотреть, какие «повороты» тезиса могут возникнуть, как их своевременно предотвратить.

Для продуктивного педагогического диалога организатору целесообразно оперативно высвечивать участникам такие ситуации, когда фальсификация способа обоснования тезиса противником принимается за фальсификацию исходного тезиса (подкрепляющий пример приведён в данной главе выше – в разделе «ловушки диалога»). А также все обозначенные в предыдущем параграфе в разделе «ловушки диалога» сюжеты софистического диалога.

Что ещё необходимо для продуктивного диалога? В данном параграфе мы считаем целесообразным также представить комплекс дополнительных условий продуктивности научно-практического педагогического диалога. К ним относятся:

- привлечение к участию в диалоге как можно более широкого круга лиц, во-первых, владеющих обсуждаемой проблемой; во-вторых, готовых аргументированно отстаивать различные точки зрения, подходы к решению обсуждаемой проблемы, а также способных компетентно рассматривать различные её аспекты и ракурсы; и, наконец, «диалогично совместимых», т.е. владеющих культурой диалога, способных к толерантному диалогическому формату;
- подготовка ведущего диалога, на которого возлагается задача: а) организации начального этапа (постановка проблемы, вводные замечания и т.п.); б) «дирижирование» порядком выступлений участников; в) краткое резюмирование их позиций по обсуждаемой проблеме с целью содержательного фиксирования внимания на главном, на сути высказанного, с возможностью задать уточняющие вопросы; г) подведение итогов обсуждения – сначала путем предоставления самим участникам небольшого интервала времени для высказывания своей позиции в режиме stans pede in uno (*стоя на одной ноге – лат.*), а затем путем заключительного слова ведущего;
- обеспечение режима неугасания диалога – по крайней мере, до того момента, когда будет выкристаллизована логически и содержательно завершена точка зрения по обсуждаемой проблеме.

Чего желательно в диалоге избегать?.. Дальнейший разговор в этом подразделе мы поведём о *психологических компонентах* педагогического диалога. Первое, о чём следует упомянуть, это диалог двоих партнёров в присутствии слушателей: слушатели могут вольно или невольно высказывать своё отношение к позициям оппонентов, проявлять одобрительные или неодобрительные замечания, реплики, подсказки. Потому к искусству диалога в этом случае мы относим умение участников диалога:а) отстроиться от эмоций слушателей, продолжать высказывать свою позицию независимо от негатива слушателей, с одной стороны, и б) оперативно среагировать на вызов слушателя, если он вполне корректен, помогает выйти из диалогового тупика, предлагает серьёзное возражение какой-либо позиции, не просвеченное к обсуждаемому моменту самими участниками диалога.

Второе, о чём следует вести речь, *целевая означенность* диалога: а) если единственной задачей диалога является приближение к педагогической истине, то для диалога участникам целесообразно выбирать наиболее «сильные» аргументы, органично соединять их в целостность; б) если в задачу научного диалога входит убеждение оппонента в своём тезисе (или переубеждение), своеобразная победа над оппонентом, то целесообразно выбирать аргументы наиболее значимые для него. Потому важной задачей участника диалога становится выбор партнёра. Здесь существенную роль играют психологические особенности такого партнёра: экспрессивная выразительность, умение психологически бережно выдвигать возражения и контраргументы, склонность (несклонность) к использованию «нечестных» способов критики, уровень интеллекта и логико-гносеологической грамотности, способность оперативно и корректно реагировать на почти всегда возникающие в диалоге доводы *неожиданные*.

Последнее позволяет обозначить третью позицию: соответствие речи одного из участников возможности её понимания другими, –несмотря на очевидность такого тезиса, на практике он «выдерживается» весьма посредственно. Часто участники педагогического диалога умышленно используют в речи сложные («навороченные») обороты и словесные конструкции, иноязычные заимствования, имитируя высокий научный уровень; на продуктивное движение в диалоге это влияет отрицательно, поскольку запутывающиеся в переводе на понятный язык того, что выдвигается оппонентом, участники сбиваются с мысли, уходят от тезиса, приводят невнятные аргументы и доводы, неверно интерпретируют факты – диалог неизбежно разваливается.

Четвёртой позицией психологического ракурса диалога в педагогике является возможность участников внимательно слушать друг друга, как можно более точно понимать услышанное и оценивать информацию, признавать собственные ошибки, не использовать в ответных «ударах» способов гносеологически некорректных, например, адресации к демонстрации собственного авторитета, служебного положения, предыдущих научных заслуг, наконец, к навязчивому *внушению* партнёру своих выводов. Внушение – типичная сильная уловка в педагогическом диалоге, адресующаяся к ораторской искусности, громкому, чётко поставленному голосу, самоуверенному тону в разговоре – в противовес к голосу слабому, речи сбивчивой, неуверенности и несобранности. В качестве средств внушения исследователи-педагоги часто используют такие экспрессивные формы как: «нелепость Ваших слов очевидна», «как можно было договориться до такой глупости», «какой абсурд...», «софизм...», «чепуха!!» и им подобные. Внушающим тараном, пробивающим «броню» аргументов оппонента, часто служит экспрессивная ссылка на авторитет: «как Вы могли не знать, что моя позиция подкреплена мнением... такого-то академика?» К уловкам внушения относится и механическое, настойчивое вдалбливание в голову оппонента своего вывода, повторение его много раз немного различающимися словами – логики образно именуют такие приёмы использованием палочных доводов.

Другими психологическими уловками в педагогических диалогах являются попытки «завести» оппонента, заставить «вскипеть», вывести его из психологического равновесия, заставить отвечать в несдержанной манере. Если противник в диалоге мыслит и реагирует на внешний когнитивный стимул медленно, диалогового опыта не имеет, то опытный «нападающий» может для достижения победы это нечестно использовать. К числу нечестных уловок педагогического диалога относятся и другие попытки эмоционально «завести» партнёра: 1) «Вы сами осознаёте собственную неправоту, но не хотите признать своей ошибки»; 2) в экспрессивной форме противнику предъявляется мотив, по которому он чего-либо не учитывает: «Вы не указали, что… такая-то форма воспитания кроме всего прочего адресована к патриотическим чувствам студентов – вы не признаёте позитивную ценность патриотизма»; 3) специальный подрыв доверия «слушателей» диалога к оппоненту: «оппонент использует свои доводы в защиту… таких-то недобросовестных корпоративных интересов». Исследователи проблемы диалогов и споров указывают и на опытное подтверждение такой «уловочной» стратегии как лесть, преувеличенное внимание к предшествующим заслугам оппонента – с целью призвать его к согласию за похвалу.

Школа педагогического диалога. Отвлечёмся теперь от основной линии изложения и кратко обсудим, что такое педагогическая научная школа. Это такое сообщество интеллектуалов, которое соединяет индивидов, занимающихся так или иначе очерченной педагогической проблематикой, исповедуя согласованные научные взгляды и методы получения научного знания (специфический методологический код). Потому ещё одним содержательно значимым и обеспечивающим логическую завершённость фрагментом предпринятого нами теоретического исследованияявляется тот, который именуется *«школой» научно-педагогического диалога.*

Под этим термином мы будем понимать теоретико-методологический эскиз, проецирующий теоретические аспекты научно-педагогического диалога в плоскость обучения искусству такого диалога исследователя педагогического профиля.

Отметим вначале, что следует сделать специальный акцент на содержании такого обучения, в которое помимо основных, базовых позиций, относящихся к описанию категории *диалог*, целесообразно включить:

- элементное обучение осуществлению диалоговых процедур, включающие: а) обучение грамотному, чёткому позиционированию исходных позиций, – проблемы, пути решения которой предполагается выявить в процессе диалога;

б) специальное обучение элементарным диалогическим операциям, например, опровержению конкретной позиции (суждения, умозаключения, вывода и т.п.) оппонента – посредством выведения ее следствий, приводящих к логическому или содержательному абсурду, или представлению в качестве возражения позиции оппонента *доказательства от противного*: что произойдет в образовательном процессе, если Ваш подход не внедрять, не использовать?);

в) специальное обучение резюмирующим процедурам, кратко, ёмко, компрессированно (сжато) выражающим позиции оппонентов на определенном этапе диалога, и ряду других элементов;

– «синтезированное» обучение осуществлению педагогического диалога в единстве всех его этапов и осуществляемых на каждом из них процедур, с осознанием логики их соотношения и логики их «следования».

В процессе такого обучения целесообразно сочетание учебных заданий нескольких типов:

а) на оценку заранее подготовленных обучающим преподавателем-исследователем диалоговых фрагментов – на предмет логической корректности, аргументирования и контраргументирования, убедительности доводов, приводимых каждым из участников диалога в процессе подтверждения (опровержения, корректировки) позиции оппонента;

б) на корректировку выявленных в заданиях предыдущего пункта недостатков и несообразностей посредством самостоятельной разработки обучающимися альтернативных диалоговых фрагментов;

в) на исключительно самостоятельную разработку обучающимися диалоговых фрагментов различной масштабности и содержательной направленности – с последующим вербальным «проигрыванием» на аудиторию и подробным анализом.

В качестве содержательного ориентира для конструирования таких заданий приведем таблицу, в которой представим различные избранные этапы педагогического исследования и примерную содержательную канву соответствующих диалоговых фрагментов (таблица 1).

Таблица 1.

Избранные этапы педагогического исследования и содержательная канва соответствующих диалоговых ситуаций

Избранные этапы педагогического исследования	Содержательная канва диалоговых ситуаций, в процессе которых рождается новое педагогическое знание
Определение актуальности выбранной темы	Насколько актуальна предполагаемая тема, заключена ли в обозначенном ею содержательном поле та или иная проблема; насколько она разработана исследователями-предшественниками: каковы результаты внедрения их теоретических идей в образовательную практику …
Обоснование и конструирование концептуальной модели исследуемого феномена или образовательного процесса	Какой из двух или нескольких известных концептуальных подходов (идей, парадигм и т.п.) целесообразно принять как содержательную основу при решении интересующей автора педагогической проблемы; как его целесообразно принципиально (кардинально) или «поправочно» модифицировать применительно к условиям образовательного процесса, в которых собирается внедрять его автор; каковы основные компоненты конструируемой модели, какова их взаимосвязь и каким образом ее схематично представить
Обоснование и конструирование нормативно-методической модели	Какие логически вытекающие и содержательно обусловленные концептуальной моделью компоненты нормативно-методической модели следует принять для реализации авторского методического замысла; какие из них максимально «безболезненно», органично вписываются в традиционный образовательный процесс; возможен ли усечённый вариант реализации авторского методического замысла …

Педагогический эксперимент, анализ полученных результатов	а) В том случае, если достигнут положительный экспериментальный результат, то какова степень уверенности автора в возможности его «закрепления» и применения в широкой аудитории обучаемых …; б) Если экспериментальный результат обнаруживает проявления того или иного негатива, то каковы причины этого обстоятельства; сводится ли все дело к некорректному применению авторской методики или она сама нуждается в значимой корректировке …

Представленная в таблице 1 информация, безусловно, не исчерпывает диалогического контекста педагогического исследования – анализируя их содержание, учёный-педагог будет в состоянии реализовать научный диалог в том конкретном формате, который будет продиктован условиями образовательного процесса и всеми обстоятельствами, отражающими особенности его исследования конкретным автором.

Вернёмся далее к формам организации деятельности обучающихся диалогу и отметим, что в рамках «школы» *научно-педагогического диалога* уже описанную выше форму работы целесообразно дополнить диалогом с участием «внешних» экспертов. На каком-то этапе (когда некоторый промежуточный логически относительно законченный результат достигнут) организатор прерывает диалог и даёт слово эксперту, который выставляет оценку корректности логических процедур (аргументации и обоснования), убедительности приводимых аргументов, степени соблюдения культуры диалога его участниками, а затем вновь возобновляется диалог и на финальном этапе подводится итог, формулируются рекомендации участникам и ведущему.

Мы считаем возможным утверждать, что диалог как инструмент педагогического исследования должен стать имманентной чертой, показателем стиля деятельности любой научно-педагогической школы – независимо от того, теоретическими или прикладными проблемами занимаются её представители, на какой конкретный сегмент образовательного пространства ориентированы её исследования. Это означает, что при анализе деятельности научно-педагогической школы чётко выявляются:

– стремление каждого отдельного представителя школы поделиться полученными этапными результатами – как с «равными» по научному статусу, так и со старшими, более опытными коллегами, а также с практиками образования, имеющими отношение к реализуемому им проекту; соотнести своё собственное видение решаемой проблемы с тем, которое представят партнёры по диалогу, в случае значимых смысловых и содержательных расхождений вернуться к осмыслению тех результатов, против которых возражают коллеги;

– стремление каждой работающей в рамках школы научной группы всесторонне обсудить полученные результаты с коллегами и независимыми экспертами – до того, как авторитетно провозгласить разработанный подход, методику, технологию доведёнными до стадии готовности к практическому внедрению, внести по результатам таких обсуждений коррекцию в первоначальный авторский замысел и в случае необходимости инициировать повторное обсуждение;

– демократичный стиль профессионального общения в научной школе, при котором то или иное мнение не отвергается с ходу, каким бы на первый взгляд нелепым и неправильным оно ни казалось – напротив, оно становится предметом для обсуждения, и если, например, (что весьма часто наблюдается) какой-либо единой или близкой к ней оценки на первых порах не находится, то проблема на некоторое время откладывается (для спокойного индивидуального обдумывания – как инициатором мнения, так и экспертами), а через какой-то приемлемый интервал времени научное мини-сообщество возвращается к её обсуждению;

– демократичный стиль научной школы заключается ещё и в том, что её лидеры («мэтры») не навязывают младшим коллегам и подчинённым своих идей, даже если для них самих они абсолютно очевидны и «прозрачны» по сути и в деталях – напротив, идеологи научных школ пытаются *привести* руководимое ими мини-сообщество к очевидным для себя выводам и умозаключениям посредством организации «научного разговора», при котором это сообщество приходит к желаемым результатам не путём выполнения «приказа», а дискуссионно-логическим путём, за круглым столом.

Естественно, что в рамках обсуждаемой научной школы её идеологи пытаются создать все организационные условия для того, чтобы научный диалог мог быть полноценно реализован: периодически организуют творческие встречи и семинары, консультационные акции, коллоквиумы, мини-симпозиумы, творческие мастерские для начинающих, другие формы широкого обсуждения научных результатов.

Тонкий пласт диалога. После окончания диалога (особенно когда к результату автора было высказано множество претензий, предъявлена различная критика) автору поиска следует задать себе ряд вопросов, например, таких: а) стоит ли впоследствии возвратиться к диалогу, предъявив научному сообществу дополнительные защищающие первоначально высказанную позицию аргументы; б) чем конкретно была вызвана та или иная критика, обозначала ли она принципиальную позицию оппонентов или просто объяснялась их склонностью к традиционализму, отстаиванию собственных исследовательских интересов и результатов, которые в диалоге были дополнены (корпоративные интересы, нежелание иметь научных конкурентов, продлить жизнь своим собственным идеям, защитить их от «новизны», продлить им жизнь в науке в неизменном виде). Как и вопросов о том, не стоит ли поискать новое поле для диалога, выступить с докладом или сообщением в другой лаборатории, на иной кафедре, на какой-либо планируемой конференции – в противовес такому выходу, который предполагает отстранение от себя прошлого, от себя, высказывающего взгляды прежние.

Особенно отметим ситуацию, когда автор педагогического научного продукта видит отношение со стороны научного социума равнодушное, индифферентное, практически полное молчание, в лучшем случае вопросы не по сути высказанного, а «вокруг да около», формальные, осознание смысла сделанного автором не проявляющие. К этому перечню добавим вопросы некорректные, содержащие непонимание самими экспертами как общенаучной канвы поиска, так и его конкретики, представленной автором в докладе, сообщении и т.п.

К перечню вопросов, которые автор результата поиска должен задать себе, относятся и вопросы о том, почему экспертами высказана негативная (или сдержанно негативная) точка зрения, например, искажающая суть высказанного, предъявляющая понимание авторского ноу-хау противоположное тому, которое желал бы слышать сам автор. Как можно было такую ситуацию предотвратить, можно ли было это сделать заранее, а если уж такое искажение случилось, то, что следует делать далее.

Наконец, автору поиска, участвовавшему в научном диалоге, следует задуматься и о том, в каком исследовательском качестве принимает его научный социум (интерпретатор, аналитик, «рефлексик» чужих результатов, генератор идей, способный их реализовать, претендент только на теоретический поиск или человек, способный на практический креатив, востребуемый системой образования, или только практик, на теоретическое осмысление не способный). Эти оценки следует добавить соотношением желаемого самим автором научного статуса с тем, что выдвигает в ответ на авторское научное предъявление социум, соотнесением научной самооценки и оценки внешней.

Особо отметим и такой случай, которыйименуем *как диалог, от которого необходимо уйти*. Таков пример информационного шума, связанный с работой М.Т. Громковой [11]: непроявление оснований используемых классификаций, объявление выделенных компонентов компетенции одновременно согласованными внутренне и противоположными, вульгарное трактование принципа дополнительности Бора и кумулятивного эффекта дополняются нами цитатами о том, что «репродуктивное содержание образования – усвоенная внешняя информация, которая стала внутренним знанием усилием воли (обратить внимание, воспринять, запомнить, что и означает усвоить, сделать своим)». Но репродуктивное содержание есть пласт знания или умения, воспроизводимый обучающимся в первоначально предъявленном виде (знание) или по первоначально демонстрируемому педагогом образцу (умение), – автор же добавляет это неизвестно зачем усилиями воли и интериоризацией (сделать своим). Но разве воля не проявляется в содержании продуктивном, трактуемом автором как интеллектуальный и эмоциональный продукт?? При этом интеллектуальное содержание, по М.Т. Громковой, трактуется как «дополнение, уточнение, критика, осмысление получаемого знания, которые должны быть оформлены и предъявлены в виде тезиса. Необходимым условием для этого является организованный процесс *мышления*, продуктом которого является *мысль*» [11].

Опуская стилистическую нелепость (продукт мышления – мысль), отметим, что включение в содержание образования описанных продуктов принципиально неправомерно, т.к. в это содержание не может быть включено то, что в процессе образования ещё только будет достигнуто – происходит смешение содержания и цели. Нелепа и сама расшифровка «интеллектуального» содержания, вновь адресуемая к цели образования, а не к содержанию, и многое другое, что делает *невозможным какой-либо диалог*.

К примерам диалога, от которого надо *на время уйти*, относятся и гораздо более глубокие и неоднозначные, чем приведённые только что. Например, диалог между исторически зафиксированными теоретическими схемами: фактуализмом и теоретизмом, описанный в книге [36]. Фактуализм преувеличивает важность научных фактов, отводя теории лишь роль инструмента, выполняющего функцию «зондирования» реальности, открывающего новые факты (факты самоценны, теория – вторична); теоретизм же абсолютизирует зависимость факта от теории. В педагогике сегодня множество сюжетов, склоняющихся к одной из двух экстремальных точек зрения: множество работ проявляют установление учёным-педагогом некоего факта, на который надо непреложно опираться – безотносительно к тому, как этот факт был установлен. Множество других работ фиксируют установление каким-либо учёным педагогического факта, и вместе с тем отвергают возможность на него опереться по причине непризнания использованной цитируемым авторитетом теоретической схемы. Кто из представителей двух полярных точек зрения прав? Этот вопрос восходит к диалогу фактуализма и теоретизма; в науковедении он до сих пор не решён и требует поиска принципиально иных, нежели обсуждённые два «крайних», связей между фактом и теорией. Потому он относится к диалогам, не претендующим на мгновенное решение проблемы, способным лишь зафиксировать некие общие контуры её возможного решения.

Диалоговый исследовательский интеллект. Этот краткий подраздел адресуется к *мастерству* педагогического научного диалога, включающему прежде всего уверенное знание участником сути дискутируемой проблемы, степень её представленности в наличном педагогическом знании, разные ракурсы и подходы к её решению, предъявлявшиеся исследователями-предшественниками, степень их реального отличия, – всё это позволяет в процессе обсуждения опровергнуть оппонента, если он приводит некорректные ссылки на мнения авторитетов, уточнить его цитирование и т.п. Также педагогический диалоговый интеллект предполагает и ряд других качеств. Среди них *любопытство и широта мышления*, стремление выявить в процессе научной дискуссии различные точки зрения на обсуждаемую проблему, осознать и осмыслить их, высказать свою точку зрения, включить то, что предлагается оппонентами, в свой интеллектуальный багаж. К интеллекту традиционно относят *глубину ума, его гибкость и подвижность*, – применительно к педагогическому диалогу это означает способность выдвинуть для диалога вопрос нестандартный, нетривиальный, а также заранее предвидеть, какие возражения возникнут у оппонентов в ответ на то или иное мнение, суждение, вывод. А также заранее спроектировать аргументированное возражение «противникам», например, заготовив пакет последовательно предъявляемых контрдоводов. Гибкость и подвижность ума предполагают также способность участника диалога быстро оценить, насколько жёстко предъявляется оппонентом то или иное возражение, относится оно к нечётко кодируемым сомнениям в правильности защищаемого тезиса или к аргументированным контрдоводам, с которыми можно спорить, имея в запасе собственные ясные и способные быть понятыми другими участниками аргументы. Гибкость и подвижность ума позволяют участнику диалога вовремя взять тайм-аут, если диалог затягивается, а убедить противника в собственной правоте не удаётся.Или в том случае, если для нахождения убедительного решения проблемы не хватает фактов, тезисов и требуется дополнительное обращение к источникам, тщательное обдумывание ситуации.

Гибкость и подвижность ума позволяют участнику диалога понять то, как эмоционально окрасить собственное выступление, какие фрагменты подчеркнуть той или иной формой экспрессии, эмоциональной выразительности, как оценить ту или иную эмоцию партнёра по диалогу – как попытку добавить «противнику» уверенности в том, что самим недостаточно осознано, или как выражение претензии противоположной стороне в непонимании чего-либо элементарного и само собой разумеющегося. Наконец, обсуждаемое качество исследователя позволяет снять в процессе диалога излишнюю эмоциональную напряжённость, если такая проявляется и препятствует его продуктивному развитию. Гибкость и подвижность ума исследователя, участвующего в диалоге, позволяют не только «поймать» противника на некорректном возражении, противопоставлении и т.п., но и вычленить в конкретном оппонентском возражении ту часть, которую следует принять, и ту, которая требует дополнительного осмысления или по очевидным логическим или фактуальным соображениям принята быть не может.

Такая палитра сюжетов неизбежно сопровождает исследовательский диалог в педагогике, неоднозначный и часто не прогнозируемый, а иногда и драматичный.

Логико-гносеологический код педагогического познания как предмет научного диалога (краткий итог главы). Этот завершающий подраздел главы мы адресуем рефлексии высокого порядка, рефлексии метауровня, предполагающей осмысление того, как вписывается в педагогический научный диалог *сам логико-гносеологический код педагогического познания*. Всё это адресуется к осмыслению всего содержания книги, и обусловливается в конечном счёте декларированной нами ранее «слабой» гносеологической версией педагогической науки и педагогического познания. В связи с этим в качестве предмета для диалога может выступить рациональность педагогического знания, а более конкретно, – возможность применения в педагогическом познании наряду с обозначенными в тексте нашей книги научными методами ненаучных стратегий, возможность отнесения педагогического знания к сегменту чисто практического или области Arts and Humanities. В связи с этим ближайшим предметом научного диалога может стать соотношение «*фактуализм – теоретизм*», – поскольку при всей ясности общей позиции *мера* теоретической нагруженности педагогического научного факта сегодня в известных нам источниках конкретно не описывается. Потому ещё одним ближайшим к только что заявленному контенту диалога является соотношение теоретического и эмпирического в педагогическом познании. Тезис о том, что эмпирический уровень соответствует *описанию* реальности на языке фактов, понятий и простых закономерностей, а теоретический адресуется к *объяснению* и *научному прогнозированию*, – чрезмерно общий и в категорию «мера» проблему не погружает. Например, потому, что все гносеологи к числу теорий относят и описательные теории – как при этом разделить эмпирическое и теоретическое, абсолютно непонятно.

Ещё сильнее проблематизируется соотношение феноменологического и сущностного в педагогическом знании – это обусловлено тем, что в самой гносеологии начиная с середины девятнадцатого столетия, когда эти два уровня ясно разделялись, произошло сильное полифоничное насыщение в понимании того, что есть явление, а что – сущность. Беседуя с гносеологами, мы, например, слышали, что сегодня *сущность* признаётся как нечто, что обусловливает возможность существования объекта (феномена) таким, каков он есть. Это трудно ощутимая внутренняя ткань свойств, особенностей, связей «внутри» объекта и с внешней формой, обусловливающая возможность *понять его неповторимость и целостность*. Однако, эстетичная стилистическая форма не проявляет ясности даже в самой гносеологии, не говоря уже о педагогике, ею подкрепляемой.

Из содержания нашей книги, надеемся, ясно следует, что предметом научного диалога является и *причинное* кодирование педагогической действительности: как ограничить перечень обозначенных нами в основном тексте А, Б, В, Г, подозреваемых в качестве одной из причин феномена, как выявить степень их причинного детерминирования этого феномена в сравнительном выражении? Как выявить комплекс условий, влияющих на характер протекания педагогического феномена, как ограничить их перечень, не выведя временной интервал исследования в бесконечность; как разделить среди всего перечня необходимые и достаточные? То же самое надо вспомнить и про факторы, влияющие на педагогические феномены – выверенного механизма нахождения факторов доминирующих и пренебрежимых сегодня нет. Всё сказанное относимо и к *способам обоснования* автором своих умозаключений, – например, где *мера* в использовании в качестве контекстуального аргумента авторитета личности и научных традиций, как применить теоретическое обоснование на содержательном поле, где сама теория находится в зачаточном состоянии. Конечно, предметом научного диалога должно стать множественно обозначенное в книге соотношение двух точек зрения на то, справедлив ли традиционный используемый в диссертационном сообществе формат гипотезы, с которым жёстко связано предпринятое нами рассмотрение, или описанная нами гипотеза может быть отнесена только к проекту, а «настоящая» исследовательская гипотеза к трансформации педагогической реальности не относима, – лишь только к наличному её состоянию (последнее нами много раз было услышано от профессионалов-гносеологов в жёсткой форме). Довод в пользу разделения в педагогической форме исследования и проекта, по нашему мнению, весьма слабый, поскольку любой проект включает исследовательскую стадию – ещё одна тема для диалога нами обозначена.

Всё описанное включает в предмет научного диалога в педагогике целесообразность для исследователя практических проблем педагогики участвовать в методологическом осмыслении педагогического познания.При этом есть: а) возможность формирования в социуме своего нового образа исследователя тем, содержащих не только прикладной аспект, но и фундаментальный; б) так и возможность разрушения «старого» образа продуктивного автора по причине неудач в методологическом осмыслении педагогического поля, ибо здесь «планка соответствия» намного более высока, чем в чисто педагогическом поле. Таков диалоговый контент самого гносеологического стандарта педагогического познания – одной из самых трудных, но и самых перспективных тем будущего поиска. Таков и краткий содержательный итог нашего рассмотрения в данной главе.

2.1. Язык и текст педагогической науки как индикаторы корректного диалога

Введение. Мы постараемся сейчас обосновать правомерность включения данного материала в нашу книгу, в тему научного педагогического диалога. Читая любой текст, научный или художественный, человек неизбежно «общается» с автором: вдумывается в содержание и смысл написанного, соглашается с прочитанным или возражает писателю, задаёт себе и мысленно автору вопросы, отвечает сам или находит ответы у автора в последующем изложении, а может быть, в других его произведениях. Читатель находит у автора ответы на вопросы, мучившие его ранее, до прочтения книги, статьи или очерка. Читатель архивирует в памяти тот или иной пласт прочитанного содержания, свои впечатления от первого чтения, соотносит их с оценками критиков читаемого произведения, время от времени возвращается к некогда прочитанному, переоценивает его. Читатель пытается погрузиться в мир смыслов и ценностей автора, принимая какую-то его часть как нечто родственное, открывая для себя лакуны смысла, архивируя открытое у автора «смысловое новое», возвращаясь к нему позднее, и конечно, иногда отвергая найденное у автора самому себе чуждое. Процесс чтения неизбежно аккомпанируется палитрой эмоций – проявляются восторг, преклонение перед автором, а иногда недоумение, ощущение непонимания, желание кому-либо высказать свои впечатления, страх и многое другое. В ряде случаев автор разочаровывает читателя, а иногда читатель разочаровывается в себе, например, обнаружив, что вполне очевидную вещь понял слишком поздно или открыл для себя такую «обратную сторону медали», о которой никогда ранее не догадывался.

В ряде случаев читатель продолжает этот диалог, выступая на страницах журнала или в собственной книге с критикой прочитанного, выступает на конференции, делится своими соображениями с коллегами и сотрудниками. Конечно, весь приведённый перечень различается для чтения книг научных и художественно-публицистических. Даже традиционный приём чтения с карандашом в руках (и в буквальном, и в метафоричном смыслах) в научной литературе и в публицистике имеет различную окраску. Это относится и к заметкам на полях, и к подчёркиваниям важного, и к составлениям «дневников собственных мыслей». Однако, можно, на наш взгляд, считать доказанным, что процесс чтения и анализа текста совмещает в себе *диалоги* в самом широком смысле: это и обычный устный диалог, и письменный, и заочный, и полилог, часто в связке, или как теперь часто говорят, в комплекте.

Современный цифровой мир вносит здесь массу трансформаций, которые очень трудно оценить – так быстро и незаметно они проникают во все сферы жизни. Чтение бумажной книги и чтение с экрана компьютера или телефона совершенно по-разному окрашены; общение устное контактное (в одной аудитории) различается с общением с использованием электронной почты или социальных сетей. Сегодня многие утверждают, что этически более зрелым является не общение по телефону, а общение посредством различных писем. Не пытаясь навязать свою точку зрения, отметим, что набор письменного текста на клавиатуре или на экране телефона затратен и по времени (по сравнению с устным разговором), и по усилиям.Чтобы сделать мысль понятной для получателя сообщения, необходимо затрачивать внимание, стилистические умения, – в разговоре передать информацию гораздо проще. Однако, необходимость писать кратко при письменном общении тренируется, и это ценно. Но выражаемые эмоции адресанта в письменной речи пропадают, как и передаваемая с их помощью информация. Не пытаясь аккуратно взвесить два типа общения, мы оставляем вопрос открытым, подчёркивая, что и в одном, и в другом случае происходит диалог, и мы, обратившись к анализу текстов, вновь попали в ***диалоговое окно***. Мы обосновали законность дальнейшего рассмотрения, не отходящего от названия книги.

Общие понятия. В данном параграфе мы считаем необходимым познакомить читателя с таким важным компонентом представления исследователем научному сообществу своих результатов, как *язык науки*. Какое отношение всё это имеет к диалогу? На наш взгляд, самое прямое: *понимание* языка науки – та основа, на которой строится научный диалог и в педагогике, и в любой науке в принципе. Но в педагогике своя специфика. К её раскрытию мы приступаем.

Словосочетание «язык науки» часто встречается в текстах, относящихся к разным научным дисциплинам, однако, не отличается чёткостью и определённостью своего значения. Использование термина «науковедение» для обозначения дисциплины, главным предметом которой является наука и её язык, не спасает от разночтений в понимании этого предмета. Поэтому попытаемся сформулировать круг проблем и указать совокупность других понятий, связанных с «языком науки» в разных областях знания. Начнём с того, что «язык науки» в математике наряду с определениями терминов включает конвенционированные научным сообществом правила «чтения» формул, уравнений, графиков, начиная от самых простых, понятных даже школьнику, и заканчивая доступным только узкому специалисту сложным форматом высшего уровня. И конечно, мягкий математический жаргон: «пролопиталить» – использовать правило Лопиталя, и многие другие примеры. В физике это добавляется в шутку именуемым «физическим жаргоном» – житейскими фразами, отображающими смысл различных интерпретаций: «зола» ядерного горючего; проекты гигантских «ветряных мельниц»; АЧХ обрезает спектр сигнала «снизу» и т.п. Аналогичная картина в других естественных науках. Язык гуманитарной науки также включает определения терминов и очень сильно насыщен метафорами – множество примеров было приведено в первой главе. Гуманитарный язык в отличие от естественнонаучного достаточно неоднозначно прочитывается, осознаётся читателями. Этой теме будет посвящено наше изложение в данной главе.

Как известно, в философии понятие «язык науки» со времён возникновения математической логики связывалось с логическим анализом знания (середина XIX в.), а идея символического языка как универсального способа анализа научного мышления была провозглашена ещё Лейбницем. Логический анализ языка науки как направление в философии в большой степени стимулировался широко известной в конце XIX в. ситуацией под названием «кризис основной математики» и начался с работ Г. Фреге и Б. Рассела, продолженных затем Л. Витгенштейном и рядом других исследователей.

Именно здесь оттачивались средства логической записи научных высказываний. Характерно в этом смысле высказывание Б. Рассела в предисловии к «Логико-философскому трактату» Л. Витгенштейна: «Хорошая система записи обладает той утонченностью и так стимулирует мышление, что кажется временами почти что живым учителем. Неточность записи является первым признаком философских ошибок, а совершенная запись была бы эквивалентом мышления» [21]. Такая оценка формализованного научного языка имеет естественное основание в его функциях. Как подчёркивается в философии науки, «*язык науки*– это способ объективации знания, и если считать, что знание без объективации не может развиваться, то язык науки выполняет, кроме когнитивной и коммуникативной, ещё и конструктивную функцию» [36].

Употребление словосочетания «язык науки» в философии и методологии науки связано, как нам представляется, с общей тенденцией последнего столетия рассматривать знания разного вида сквозь семиотическую призму и с попытками решать проблемы научного познания с помощью модельных языков. В настоящее время словосочетание «язык науки» в упомянутых философских науках понимается в двух смыслах: широком и узком. В широком смысле язык какой-либо науки приравнивается либо к системе специальных научных знаний, т. е. к самой науке, либо к её теории и её логике, в частности, к понятийному аппарату и способам рассуждений и доказательств – однако, точного определения этого понятия не даётся. Существенно, что во всех этих употреблениях под языком науки понимаются некоторые глубинные, сущностные основы научного текста, не сводимые к языку текста «поверхностного». Сразу укажем, что такое понимание, с нашей точки зрения, вполне подходит для педагогики и обусловливает включение в рассмотрение проблемы языка педагогической науки: а) вопросов формирования словарей педагогических терминов, различные классификации последних; б) различных нюансов, связанных со смысловым наполнением терминов педагогики, а также с полисемантичностью; в) всего того, что связано с анализом педагогических текстов различного содержания.

Термины педагогические; энциклопедии и словари. Начнём с проблемы формирования энциклопедий и словарей педагогических терминов. В 1999 г. вышли два тома «Российской педагогической энциклопедии»; в 2003 г. «Педагогический энциклопедический словарь», а также множество аналогичных изданий меньшего объёма, в которых представлены собственно педагогические термины и понятия (относящиеся к содержательному полю педагогики), а также связанные с педагогическими знаниями психологические, философские, культурологические и социологические. Среди педагогических терминов в данных изданиях нашли отражение практически все элементы педагогического знания: педагогические теории, основополагающие принципы, технологии обучения и воспитания, известные методические системы, методы и приёмы обучения и воспитания, формы организации деятельности студентов и школьников, типы образовательных систем и учебных заведений, существовавших в прошлом и функционирующих сейчас; широко и подробно представлены зарубежные образовательные системы и персоналии: учёные-педагоги и психологи, философы и культурологи, в трудах которых отражена образовательная тематика, выдающиеся деятели практической сферы образования.

Среди представленных в обсуждаемых изданиях терминов выделяются два типа:

– слова или словосочетания обычного житейского употребления, для которых приводится содержательное наполнение, подробное раскрытие смысла, а в ряде случаев и исторические справки;

– термины, имеющие иноязычную корневую основу и требующие «перевода» на русский язык с последующим содержательным раскрытием. Например, термин *полифуркация* в «Педагогическом энциклопедическом словаре» определён как построение учебных планов старших классов школы по принципу *фуркаций*, при котором выделяются три и более специальных учебных циклов и преимущественное внимание уделяется профилирующей группе предметов [46].

Из всего представленного выше читателю будет понятна и другая классификация терминов:

- термины, понятные практически любому образованному человеку, научное и житейское содержательное и смысловое наполнение которых примерно совпадают;

- термины, научный смысл которых может быть понят, однако он несколько отдалён от житейского (не совпадает с ним). Например, такое термин *проблемное обучение* – вряд ли человек, плохо знакомый с педагогикой, сформулирует близкое к энциклопедическому определение: обучение, при котором преподаватель, систематически создавая проблемные ситуации и организуя деятельность учащихся по решению учебных проблем, обеспечивает оптимальное сочетание их самостоятельной поисковой деятельности с усвоением готовых выводов науки и практики.

Ещё один пример: термин *реальное образование*, означающий тип общего образования, в основу которого положено усвоение *практически* полезных знаний и умений, антипод *классическое образование* – тип общего среднего образования, ориентированный на изучение древних языков и математики. Или термин *программированное обучение* – обучение по заранее разработанной программе, в которой чётко предусмотрены и действия обучающегося, и действия педагога;

- термины, смысл которых *резко* контрастирует с житейским, обыденным пониманием или не может быть понят в силу отсутствия последнего. Например, термин *теория рекапитуляции* («сжатого», компрессированного повторения), обозначающий концепцию психического развития, рассматривающую становление индивидуального сознания как сокращённое воспроизведение (повторение) исторических этапов развития сознания человеческого рода. Или термин *педоцентризм* – воспитательная концепция, согласно которой интересы семьи как воспитательной среды фокусируются исключительно на ребёнке.

Педагогический научный текст: общие подходы. Под научным текстом понимают продукт, в котором в систематизированном виде представлены результаты педагогического исследования, их обоснования, процедуры из получения. Научный текст имеет сложную структуру и включает следующие компоненты (по книгам И.А. Колшанского, [21]):

– «интенционный план, отражающий направленность содержания текстового продукта, целевую аудиторию и конкретные задачи предъявления текста реципиентам: обозначение общей педагогической идеи, предъявление смысловой конкретики, методических решений, фрагментов обучающего контента и т.п.;

– предметный план текста, включающий совокупность объектов, феноменов педагогической действительности, их формализацию, способы обоснования выводов и т.п. – в том виде, в котором их адекватно «примет» реципиент;

– семантический план, раскрывающий связи и смысловые отношения между различными структурными элементами текста, начиная от отдельных терминов и заканчивая крупными блоками материала;

– логический план текста, вскрывающий многообразные просвеченные в главах первой и второй конструкции логики: типы обоснований выдвигаемых утверждений, формулировки умозаключений и выводов, гипотезовыдвижение и его развитие в направлении подтверждаемости, проявленность процедур обобщения, экстраполяции, конкретизации и др., а также логику соединения в целостность отдельных текстовых блоков;

– языковой план текста, отражающий те или иные знаковые формы предъявления читателям описательного, объяснительного и прогностического формата педагогического поля» [21, с. 34].

Основными формами текстового предъявления педагогического знания являются монографические издания, научные статьи, научные отчёты, рефераты, обзоры по той или иной конкретной тематике исследовательской работы, тезисы научных конференций, а также художественные произведения и учебно-методические издания, подробный рассказ о которых был включён в наши предшествующие работы [25].

Обсудим теперь *языковой план текста*. Сегодня язык педагогической науки интенсивно модифицируется, и в связи с этим мы хотели бы отметить два аспекта, и первым является следующий: язык педагогики насыщается терминами из других областей знания, к которым относятся психология, философия, науковедение, теория управления, менеджмент, социология, синергетика, теория систем, информационно-компьютерные технологии и ряд других. Само по себе это естественно, особенно с учётом усиления тенденции междисциплинарности в научном знании и методологии его открытия, однако очень часто такое стремление к междисциплинарности вырождается в использование авторами «языка – гремучей смеси», который читателю надо переводить на понимаемый русский язык, например, представленный такими клише: *формулу успешного университета, вписанного в нелинейный контекст современного глобального коммуникативно-информационного пространства, можно определить как универсальный центр превосходства и инвестиционных проектов.* Смесь, о которой только что шла речь, включает публицистическое «успешность», общенаучное «нелинейность», филологическое «контекст», междисциплинарное «коммуникативно-информационное пространство», экономическое «инвестиционный проект» и опять же публицистическое метафоричное «универсальный центр превосходства» – при этом сочетание всех компонентов делает смесь карикатурной, требующей внимательного перевода на нечто понимаемое. Погоня за научностью стиля превращает результат в стилистический фарс.

Второй особенностью современного языка педагогики является включение в тексты различных средств представления педагогического знания: столбиковых диаграмм, круговых диаграмм, гистограмм, графиков временных зависимостей и даже корреляционных полей. Эти вполне понятные в большинстве случаев наглядные средства, сопровождаемые поясняющими подписями, отражают распределения испытуемых в некотором опросе или эксперименте по уровням сформированности некоторого знания или умения, по годам экспериментального обучения и т. п., функции возрастания или убывания некоторых математически характеризующих педагогическую действительность величин со временем. Ко всему перечисленному добавим широкое использование авторами педагогических исследований таблиц и схем – последние включают прямоугольники, круги, рамки, линии со стрелками, так или иначе отражающими отношения части и целого, элемента и совокупности, причины и следствия, события и условия его осуществления в педагогической действительности. Сегодня такими схемами часто иллюстрируют различные педагогические модели.

Ещё раз вспомним о *диалоговом формате* нашей книги: «прочитывание» языка науки, грамотное и корректное, есть условие конструктивного диалога его участников. Проблема в том, что неверное «прочитывание» диалог обнуляет, участников запутывает, вызывает лишние эмоции.

Стиль изложения результатов исследования. Раскрывая заявленную в заглавии раздела проблему, обсудим далее *стили* изложения результатов педагогического исследования, используемые авторами различных источников. Каждый читатель, имеющий дело с педагогической научной литературой, отчётливо видит отличие научного стиля от других, и это обусловлено такими особенностями как отвлечённо-обобщённость, подчёркнутая логичность и терминологичность[6]. Отвлечённо-обобщённость означает относимость информации к множеству (классу, типу) объектов и феноменов: например, упоминаемые школьник, студент обозначают не конкретного персонажа, а тот или иной педагогически кодированный типаж. Логичность обозначается в педагогических текстах посредством самых разнообразных конструкций: поэтому…, таким образом…, следовательно…, обобщая, придём к выводу… и множеством аналогичных других. Терминологичность означает представление описательного, объяснительного и предсказательного знания посредством специальных слов и словосочетаний, значение которых обозначено в педагогических энциклопедиях и словарях-справочниках; при этом проблема аккомпанируется массой терминологических сложностей, подробно уже описанных в нашей книге.

К второстепенным чертам научного стиля относят смысловую точность, однозначность, объективность, стандартность, краткость, смысловую ясность, безличность, некатегоричность, оценочность и ряд других. Первые две характеристики в педагогике как науке слабой гносеологической версии проявляются с трудом, как и смысловая ясность и строгость. Безличность отражена

---

[6] Колесникова Н.И. От конспекта к диссертации: учеб. пособие по развитию навыков письменной речи. – 5-е изд. – М.: Флинта: Наука, 2009. – С. 16.

использованием текстов от третьего лица и безличных языковых форм; стандартность относима к использованию принятых (писаных и неписаных) стилистических клише для обозначения массы явлений и объектов предметного поля: личностно-ориентированный подход, стратегии учебно-познавательной деятельности, формирование знаний, умений и качеств личности и множество других. Некатегоричность обозначается в логике плюральности научной истины, возможной её опровержимости в последующем: по-видимому..., наиболее вероятно..., скорее всего..., есть основания полагать...и др. Оценочность представлена такими конструкциями как: справедливо, фальсифицировано, подтверждено, обосновано, сыграло позитивную роль в развитии науки, свидетельствовало о кризисе...и т.п.

Обсудим теперь разновидности научных стилей в педагогике. В теоретических работах преобладает ярко выраженный *академичный стиль*, похожий на стиль философских работ. Таким стилем изложена уже упомянутая ранее книга А. С. Запесоцкого «Технологические и методологические основы современного гуманитарного образования» [17], адресующаяся к выявлению глубинных корней культуросообразного обучения и поиску вариантов их реализации в современных образовательных системах. Безусловно, чтение таких книг сопряжено с огромными интеллектуальными трудностями и требует достаточно серьёзной и глубокой гуманитарной подготовки.

К числу известных авторам работ академического стиля (хотя и чуть менее выраженного) относится и значительное по объёму исследование Е. П. Белозерцева «Образование. Историко-культурный феномен. Курс лекций»[7], а также книга В.А. Сластёнина и Л.С. Подымовой «Педагогика. Инновационная деятельность»[8].

Следующим типом стиля написания педагогических работ является «*сухой*», *академичный с публицистическими вкраплениями*, с одной стороны, немного «разгружающими» внимание читателя,

---

[7] Белозерцев Е.П. Образование: историкоультурный феномен: курс лекций. – СПб.:Издательство Р. Асланова «Юридический центр Пресс», 2004. – 702 с.

[8] Сластенин В.А., Подымова Л.С. Педагогика: инновационная деятельность. М.: ИЧП «Издательство Магистр», 1997. – 224 с.

а с другой – поддерживающими интерес за счёт обращения авторов к примерам «из жизни». Таким стилем написана, например, широко известная педагогическому сообществу книга А.М. Новикова «Методология образования»[9].

Третий тип стиля современных педагогических произведений условно назовём *академично-образным*, сочетающим в себе строгие академичные фрагменты и то, что характерно для художественной речи. Приведём пример такого стиля из книги А.М. Новикова «Российское образование в новой эпохе»: «*Следующий аспект – "показуха" как стиль и образ в жизни образовательных учреждений… В роскошно оборудованных учебных кабинетах на просьбу показать изделия учащихся, по которым сразу можно определить качество обучения, вам частенько ответят, что шкафы заперты, а учитель, мастер отсутствует… Точно так же с конкурсами "учитель года" – их превратили в показательное шоу, вплоть до того, что конкурсанты должны петь, плясать и т. д.*» [42].

Фрагменты публицистического стиля присутствуют и во многих других педагогических работах, например, в известной книге В.В. Краевского «Педагогическая теория: что это такое? Зачем она нужна? Как она делается?». Приведём лишь формулировки некоторых подзаголовков: в педагогику может попасть всё, даже мухи и треска в кляре; а всё-таки почему он «вертится»?; «короткое замыкание» в педагогике; «действительность умом не превзойти» и т. п. [28]. Сочетание строгой академичности и элементов публицистики требует от автора филигранного мастерства, искусства, однако, одновременно позволяет решить множество важных задач, делает педагогику не скучной и занудной, а живой, развивающейся наукой, интересной для изучения.

Наконец, ещё один стиль педагогических работ – *художественно-публицистический*. Для примера вспомним работу А.С. Белкина «Ситуация успеха. Как её создать»[10] и приведём лишь небольшой отрывок текста.

---

9 Новиков А.М. Методология образования. Изд. второе. – М.: «Эгвес», 2006. – 488 с.

[10] Белкин А.С. Ситуация успеха. Как ее создать: Кн. для учителя. – М.: Просвещение, 1991. – 168 с.

«Наступил и тот день, когда Таня особенно остро почувствовала себя "не в строю". Намечали провести КВН между командами седьмых и восьмых классов. На классном часе в седьмом "А", где училась Таня, стали выбирать будущих участников конкурса…»

Конечно, данная градация весьма «грубо» отражает типы стиля в педагогических работах, не учитывает нюансов, например того, что какой-либо большой фрагмент текста в некоторой работе может быть написан одним из представленных выше стилей, а буквально следующий за ним – другим и т. п. Однако она даёт читателю первое представление об особенностях изложения учёными-педагогами результатов своих исследований.

И.А. Колшанский выделяет и ряд подстилей: научно-популярный, учебно-научный (научный стиль, включающий наиболее простые стилистические формы и разъяснения, которые в чисто научном стиле нецелесообразны), научно-деловой (инструкции по использованию тех или иных педагогических учебных технических средств, документы и проч.), научно-публицистический, научно-справочный [21], уже только что раскрытые, научно-фантастический, в педагогике нам сегодня не известный.

Общий план текста, вполне законно относимый и к тексту педагогическому, добавляем нами *метатекстовыми компонентами*, к которым по мнению филологов Н.Д. Десяевой и С.А. Арефьевой[11], относятся:

- обозначение видов транслируемых читателю знаний: дадим определение…, сформулируем алгоритм…, приведём пример…и им подобные;
- ранжирование информации: самое главное заключается в …, дополнительно к сказанному выше отметим…, кроме того…;
- фразы, поддерживающие последовательность информации: во-первых…, наконец…, и последнее…, в итоге…;
- компоненты, поддерживающие значимость информации для читателя: это особенно важно…, это необходимо понять для того, чтобы…

____

11 Десяева Н.Д., Арефьева С.А. *Стилистика современного русского языка: уч. пособие для студентов вузов, обучающихся по специальности «Русский язык и литература».* – М.: Академия, 2008. – 271 с.

В данном разделе мы считаем также необходимым обсудить с читателем наиболее широко распространённые отрицательные черты и особенности стиля изложения, почерпнутые из прочитанных нами работ начинающих исследователей. К ним относятся:

– большое количество перечислений, без разъяснения смысла каждого выделенного элемента, тезиса и т. п., обилие цитат, ссылок на известных авторов – без солидных комментариев, оценок, отношений, выводов и суждений самих исследователей;

– обилие в текстах слов иностранного происхождения, безболезненно заменяемых на русские слова; преувеличенно «высокий» стиль, абсолютно неоправданный. Приведём ряд характерных нелепых примеров соответствующих формулировок, заимствованных нами из реальных работ, конечно, без указания авторства:

в *сознании* субъекта существуют в различной мере *осознаваемые* им представления;

типом взаимодействия, содействующего личностному развитию детей, является помогающее взаимодействие;

цикл педагогического взаимодействия включает обмен актами типа…

осваивая нормативно одобренный способ деятельности, исходя из объективных и субъективных её условий, педагог решает, как ему реализовать в своих действиях этот способ деятельности.

Засилье беспредметного теоретизирования, обилие общих фраз, отсутствие конкретики проявляются, например, в следующих формулировках:

на основе теоретического и экспериментального исследования разработана концепция непрерывного развития пространственного мышления;

теоретическая сущность концепции содействует углублению и обогащению современного понимания развития образования;

разработана концепция формирования методологической культуры, основанная на синтезе культурологического, когнитивного и гуманистического подходов, взаимосвязи и взаимодействии профессиональных знаний, а также ценностей, мотивов, убеждений и идеалов педагога.

Ясный, чёткий, по возможности краткий стиль изложения – не недостаток, а большое достоинство научной работы. Для конструктивного научного диалога такой стиль – абсолютно необходимое, способ диалог начать, продолжить и успешно завершить.

Язык и научная коммуникация. Сегодня научный мир признаёт, что язык, его материализация в научном тексте – проводники читателя этого текста в сферу ранее ему неизвестного, иногда представляющего даже некую когнитивную тайну, и вместе с тем своеобразный архив педагогического знания и посредники между читателем и педагогической действительностью, универсальные выразители авторского понимания педагогической реальности, содержательное поле рефлексии педагогического описания полученного исследовательского результата и приводящих к нему методов. Такое понимание роли языка возникло довольно давно, и это, в частности, привело к оформлению в отдельную научную дисциплину *семиологии* как науки о знаках –её зарождение в конце девятнадцатого века связано с именами Ч. С. Пирса, Ч. У. Морриса, Ф. Де Соссюра и ряда других авторов. В начале прошлого столетия этой проблематикой на Западе занимались Э. Кассирер, М. Леви-Стросс, Р. Барт, Ж. Женнет и отечественные исследователи П. А. Флоренский, Л. С. Выготский, Г. Л. Шпет, А. Ф. Лосев, Ю. М. Лотман, Ю. С. Степанов и многие другие учёные [36].

Одним из существенных результатов эволюции представлений о языке как о знаковой системе на рубеже прошедшего и нынешнего веков «стало значительное насыщение тематики, ориентированной на познание того, как отдельные дискретные знаки складываются в тексты культурного поля, как они присваивают себе право толкования смыслов, значений и выявления различных сущностей. Философы и методологи науки сегодня выделяют три ветви семиотики: отражающую соотношения между знаками *синтактику*, отношения между знаками и обозначаемыми им фрагментами реальности *семантику*, отношения между знаком и реципиентом знака и текста *прагматику*[36, с. 5]. Два последних сегмента существенно затронули современную педагогику, и её рассмотрение сквозь семиотическую призму предприняли, в частности, исследователи из Института стратегии развития образования РАО, основываясь преимущественно на идеях Ф. де Соссюра. Автор считал, что семиология использует традиционную лингвистическую методологию в качестве инструмента для отражения социальной жизни, пространства культуры, и «рождающийся» в процессе такого исследования текст должен быть прочитан, расшифрован, осознан, раскодирован и *понят* читателем, принявшим смыслы, предлагаемые автором текста, и сконструировавшим смыслы собственные, а также в ряде случаев предпринявшим креативные попытки конструирования на основе прочитанного материала собственного текста соответствующей направленности [36]. Потому сегодня школа педагогической семиологии исследует закономерности развития и конструирования языка педагогической науки, архивирования наличного знания и включения в этот язык новых элементов, проблемы рефлексии содержания и логики текста, позволяющей обнаружить и кодировать новые, читательские смыслы отражённой в тексте педагогической действительности.

Педагогические семиологи отмечают также, что авторы научно-педагогических текстов облекают в смысловые, рефлексивные формы открытые ими или вновь осмысленные фрагменты ранее известного педагогического знания, фрагменты собственного педагогического опыта, транслируя их читателю – целью такого транслирования является «перемещение» авторского представления о феноменах и объектах педагогической действительности в сознательную сферу читателя текста. Всё это в той или иной мере способствует трансформации имеющихся знаний и представлений о педагогике и её атрибутах в сознании читателя.Это является частным проявлением тезиса: языковая педагогическая деятельность предполагает поиск средств «языкового влияния», адресантом которого является автор текста, педагог-исследователь, адресатом – читатель текста, а сам научно-педагогический текст является посредником между ними. Относимость этого тезиса к читательскому диалогу комментариев, на наш взгляд, не требует.

Теперь обратимся к тезису В.П. Зинченко о том, что любой текст «сопротивляется» чтению и интерпретации, с одной стороны, и «взыскует» читателей и интерпретаторов – с другой [18, с. 87]. Сопротивляемость текста чтению и интерпретации, как и отмеченная только что взыскуемость, раскрывались нами посредством перечисления и анализа трудностей, испытываемых читателями текстов, когда: а) необходимо раскодировать тот или иной педагогический термин, имеющий множество возможных смысловых насыщений, авторских трактовок (личностно-деятельностный подход, проблемное обучение, компетентностный подход и др.); б) читателю необходимо «продраться» через авторское многословие, излишне вычурный стиль, обилие иноязычного заимствования, стилистическую непривлекательность текста; в) читателю необходимо доопределить недостаточно чётко и обоснованно представленные в педагогическом тексте причинно-следственные связи, педагогические условия эффективного осуществления авторских замыслов, ограничить область применения авторских методик и технологий; г) читателю необходимо выявить реальную степень новизны авторского результата, соотнести её с той, на которую претендует автор анализируемого текста; д) читателю необходимо выявить соответствие авторского текста критерию логической корректности представляемых выводов, их обоснования, включающему отсутствие замены тезиса при обосновании или доказательстве, непротиворечивость использованных аргументов, правомерность перехода от одного шага в рассуждении к другому и др.; е) наконец, читателю необходимо выявить соответствие текста критерию содержательной корректности, поняв, реально ли существуют те факты, на которые ссылается автор текста, соответствуют ли приведённые им статистические данные реальности, а также то, насколько использованные цитаты из источников корректно отражают ту суть, которую стремились донести до своего читателя процитированные персоналии; а также выявить в читаемом тексте эффекты обманчивой простоты, преувеличенной сложности, иллюзорных эффектов, распространённых заблуждений и т. п.

Развивая полученные ранее результаты и выводы, мы считаем необходимым остановиться на проблеме ранее критиковавшейся многозначности педагогических категорий, терминов, описаний педагогической действительности и т. п. (это раскрывает первый пункт только что представленной совокупности) и обратиться к работам Г. В. Колшанского. Автор, в частности, указывает, что явление многозначности присуще всем языкам и не может рассматриваться как ущербность языка, которую он должен стремиться устранить, «многозначность… является необходимым качеством языка, обусловливаемого самой сущностью его материального устройства»

[21, с. 435]. В связи с этим в филологии особое значение придаётся *контексту*, который по одной из версий выводится из самой языковой структуры и отводит ему роль интерпретатора высказывания автора текста, отражающего ситуационное значение исследуемого фрагмента текста, стоящего за языковой формой и рассматривающегося как второй, более глубокий уровень знания языка. Потому, рассматривая научно-педагогический текст с точки зрения рефлексии реципиента, следует вести речь о верификации смыслов различных высказываний путём контекстного уточнения значений слов и словосочетаний либо путём интерпретации смысла высказывания в зависимости «от окружающего контекста» [21, с. 178].

При этом цитированный выше автор провозглашал и тезис о плюрализме интерпретации смысла фрагментов текста в условиях контекста – это, на наш взгляд, является основой рефлексивной деятельности реципиента-исследователя текста, включающей:

– выявление нескольких возможных смысловых кодов используемых в текстах слов и словосочетаний;

– попытки выявить определённую контекстную «подкрепляемость» многозначного слова или словосочетания;

– выявление случаев, когда *различные* педагогические сущности обозначаются в текстах *одинаковыми* терминами и выяснение причин этого, к которым может относиться реально существующая степень внутреннего сходства между обсуждаемыми различными сущностями;

– выявление случаев, когда *одинаковые* педагогические сущности обозначаются *разными* терминами, и поиск причин этого – к ним может относиться различное контекстное и смысловое «окружение», а также масса стилистических нюансовых сюжетов.

В качестве условия обсуждаемой в данном параграфе эффективной научной коммуникации (и диалога автора с читателем) мы сейчас тезисно, пунктирно обозначим категорию *научно-педагогический текст понимаемый*. Она включает такие позиции, как логическая «просвеченность» автором текста элементов логики излагаемого, в частности, логико-категориальных связей: *часть – целое, причина – следствие, условие – осуществляемость желаемого*, а также категорий: *свойство, признак, противоположность, классификационное подразделение, род и вид* и множества других атрибутов научного жанра. Категория *текст понимаемый* предполагает также выраженное авторское целеполагание; соблюдение «золотой середины» между фактологической концентрированностью текста и насыщенностью иллюстрациями, интерпретациями, смыслоразъясняющими фрагментами; наглядность и многое другое, о чём мы подробно расскажем в последующем.

Далее необходимо рассмотреть анализ текста как исследовательскую педагогическую процедуру. Участники научного диалога в педагогике прибегают к ней часто.

2.2. Анализ педагогического текста как исследовательская диалоговая процедура

Анализ литературы по теме исследования. Педагогический текст сегодня является самодостаточным феноменом научного знания, и его анализ по праву может быть включён в перечень процедур, осуществляемых в процессе педагогического исследования. Здесь уместно вспомнить о *текстовой природе* гуманитарного педагогического знания. Она выражается, в частности, в том, что объекты педагогической реальности, феномены педагогического поля, в которые эти объекты включены,характер связей между объектами, причинная обусловленность одного педагогического феномена другим или несколькими, педагогические рассуждения и выводы, знание педагогическое нормативное и многое другое *архивировано* в педагогических энциклопедиях, хрестоматиях, монографиях, теоретических исследованиях, практических руководствах, диссертациях, научных статьях и других источниках. Изучение всего этого массива информации, осознание и усвоение вложенных авторами в педагогические произведения констатаций и смыслов, построение информационной картины предшествующей разработки интересующего исследователя сегмента педагогического поля – необходимое условие начала полноценной исследовательской работы, её первый шаг. Это необходимое условие включения в научный диалог, начиная с самых первых этапов научного «существования».

Традиционно считается, что даже начинающий педагог-исследователь, например, диссертант, приступающий к написанию квалификационной работы, априори владеет всем соответствующим инструментарием, однако, наш опыт подсказывает, что это далеко не так. Этот аспект исследовательской работы мы хотели бы подробно обсудить в данном параграфе.

Мы исходим из того, что начинающий диссертант, прежде чем выдвигать собственные подходы, идеи, связанные с имманентно присущей диссертации модернизацией того или иного пласта образовательной теории и практики, должен подробно ознакомиться с литературой, так или иначе связанной с выбранной им для разработки темой, а также с литературой по методологии педагогики (А. М. Новиков, В. В. Краевский, В. И. Загвязинский и др. авторы). Мы полагаем также, что не нуждаются в детальной расшифровке те аспекты проблемы, которые связаны с *информационной составляющей анализа текстов* начинающим педагогом-исследователем – они представлены подробно, например, в книге А. В. Коржуева и А. Р. Садыковой «Общенаучные основания педагогики и педагогического поиска» [24]. В данной книге подробно отображены такие процедурные компоненты, как системное ознакомление педагога-исследователя с новым для него разделом педагогического знания, восполнение собственных пробелов в педагогическом сегменте, который особенно в последние два десятка лет резко расширился. В него включены такие ещё недавно не рассматривавшиеся в педагогике аспекты знания, как синергетика, медиа-обучение, экономико-правовые структуры образования, педагогическая герменевтика, специфика педагогических измерений и ряд других. В цитируемой работе подробно анализируется также сравнение читающим текст диссертантом подходов различных авторов-предшественников к описанию одного и того же педагогического феномена, к трактовке смысла терминов, отражающих базовые конструкты знания и т. п. На этой основе соискатель учёной степени составляет обзоры, отражающие ретроспекцию исследуемого им сегмента педагогики, определяющие уровень и степень проработки его предшественниками, вскрывающие «белые пятна».

Тем самым исследователь получает возможность выявить и конкретно осознать – как то, что в педагогике уже разработано, а может быть, и многократно продублировано различными словами. Начинающий учёный имеет возможность выявить и то, что разработано недостаточно и настоятельно требует внимания исследователей. На основе анализа литературы дебютант вскрывает, к чему авторы-предшественники практически не приступали или делали это лишь декларативно, иногда (что часто сегодня встречается) прямо призывая к исследованию того или иного «белого пятна» своих последователей. Это позволяет «новичку» обоснованно выбрать и разумно ограничить поле для собственной исследовательской деятельности, уменьшив степень риска попасть в ситуацию невольного плагиата – по причине неинформированности, а также наметить теоретический контур будущей работы, осуществить предварительные наброски авторского замысла.

К сказанному выше мы считаем необходимым добавить то, что информационная составляющая анализа педагогического текста адресуется к работам самой различной жанровой и содержательной направленности. Среди них работы классиков педагогики Н.К. Крупской, В.Н. Сороки-Росинского, А.С. Макаренко, С.Т. Шацкого, В.А. Сухомлинского, М.А. Данилова, М.Н. Скаткина, И.Я. Лернера, В.В. Краевского и многих других, включаемых в золотой фонд отечественной педагогики, а также публикации, связанные с новаторским движением педагогов позднего советского периода Ш.А. Амонашвили, В.Ф. Шаталова, Е.Н. Ильина, М.П. Щетинина, Е.Н. Ильина, С.Н. Лысенковой, Д.Б. Кабалевского (в области музыкального образования), С.З. Ревзина, О.С. Газмана и массу других книг. К этому перечню добавляемы работы авторов зарубежных, психологов и философов, чьи труды могут сегодня рассматриваться как основы и ориентиры развития педагогического знания и образовательной практики, удачно собранные и проанализированные в хрестоматийной монографии М.А. Лукацкого [36].

Добавим к представленному выше изложению перечень процедур, относимых к информационному компоненту анализа педагогического текста: а) системное ознакомление педагога-исследователя с новым для него сегментом философии и психологии образования, истории педагогики, собственно педагогического знания и образовательной практики, восполнение пробелов в собственных знаниях; б) сравнение подходов различных авторов к анализу и описанию различных фрагментов образовательной действительности; в) написание обзоров, отражающих уровень и степень разработанности в педагогике интересующих его проблем.

Отсылая читателя к ранее написанным нашим книгам, мы всё-таки приведём конкретный пример реализации информационного пласта анализа педагогических текстов – он будет связан с содержательной компрессией результатов, отражённых в многочисленных книгах советских педагогов-новаторов второй половины прошлого столетия.

«Суммируем и обозначим тезисно вклад выдающихся отечественных педагогов-новаторов в развитие среднего образования. Очень разные по научно-творческому стилю и подходу к педагогике (Ш.А. Амонашвили – философ-гуманист, тонкий психолог и педагог-практик, В.Ф. Шаталов – сторонник реализации идеи ассоциативной памяти в обучении, Е.Н. Ильин – поклонник яркой педагогической импровизации, М.П. Щетинин –«идеолог» современной сельской школы и многие другие), они все отстаивали право учителя на творческую реализацию, на авторскую самобытность и её проявление в образовательном процессе. Своей самоотверженной деятельностью они утвердили в педагогическом пространстве идеи гуманистической педагогики и педагогики сотрудничества, тем самым в значительной мере проложив дорогу демократическим преобразованиям в сфере среднего образования». [47, с. 245].

Информационный компонент анализа педагогических текстов может быть проиллюстрирован одним примером из известной книги М. Шпитцера «Антимозг. Цифровые технологии и мозг»[12]. В заключении к книге автор формулирует ряд выводов, сжато отражающих результат его аналитического исследования:

«Как было показано в этой книге, они действительно делают толстыми, глупыми, агрессивными, больными и несчастными. Ограничивайте их дозу для детей, потому что это – единственное, что даёт положительный эффект. Каждый день, проведённый без цифровых СМИ и К – это время, выигранное во имя светлого будущего. Когда речь идёт о сохранении культуры, у нас нет ничего, кроме светлых голов молодого поколения. Давайте прекратим систематически засорять их головы!»

Этот вывод-предупреждение педагогическому сообществу предварён подробным аналитическим исследованием, подкрепляющим

---

[12] Шпитцер М. Антимозг: цифровые технологии и мозг. Пер. с нем. А.Г. Гришина. – М.: АСТ, 2014. – 288 с.

каждый финальный тезис. Автором доказано, что чрезмерное использование компьютеров в обучении снижает уровень сформированности ряда общеучебных и конкретно-предметных умений (например, вычислительных умений); способствует развитию гиподинамии. Цифромания в образовании снижает уровень сформированности умений включённого длительного аналитического чтения текста, заменяя его склонностью к крайне поверхностному отношению к читаемой информации; растренировывает многие другие когнитивные функции мозга обучающегося. В тексте цитируемого сейчас исследования множество теоретических и статистических подтверждений финальных выводов, применяются и различные способы обоснования выдвигаемых утверждений: например, аналогия между работой мозга и мышечной системы, за которую автора критикуют коллеги. Анализ всей палитры констатаций и критики, о которой пишет сам автор по результатам откликов на его устные выступления по теме книги, даёт читателю возможность осуществить рефлексию содержания читаемого текста и его логики, – к этому аспекту описываемой темы сейчас мы плавно переходим.

Опять о рефлексии. Рефлексия как психолого-философский феномен своими корнями «произрастает» из классической немецкой философии девятнадцатого столетия, связанной с именами И. Канта и Г. Гегеля и означает осмысление и осознание субъектом деятельности её основ, содержательных и логических предпосылок и детерминаций, кодирование этой деятельности и её результатов с точки зрения категории «смысл». С.Л. Рубинштейн позиционировал рефлексию как выход человека из состояния «обычной» жизни, повседневности на уровень её осмысления, кратко обозначаемый частицей НАД… Формой специальной «обработки» собственной деятельности её субъектом называл рефлексию Г.П. Щедровицкий. Тема рефлексии звучала в работах академика РАО В.В. Давыдова. По общему признанию в структуру рефлексии входят четыре процедуры: фиксация, предполагающая отображение в сознании человека результатов прошлой деятельности (1); отстранение, обозначающее взгляд субъекта на себя со стороны, глазами постороннего наблюдателя (2); объективация, восстановление опыта прошлой жизни, проецирование его в ту или иную конкретную систему внешних координат (3); оборачивание, предполагающее возвращение субъекта к некой исходной, ранней ситуации собственной жизни, её осмысление с позиций современности (4).

Рефлексивный компонент анализа текстов по педагогике представляет собой более глубокое проникновение в те идеи, которые пропагандировали предшественники, в конкретные предлагаемые ими подходы к решению педагогических проблем. Это соответствует этапу конкретизации «новичком» авторского замысла, обличению его в конкретные, «осязаемые» формы, в которых проявляется та или иная степень новизны проектируемого подхода, степень его отличия от того, что уже сделано, а иногда и такие элементы в исследованиях предшественников, по которым начинающий диссертант готов представить собственные возражения, опровержения, альтернативные подходы.

В первом приближении рефлексивный компонент анализа текста предполагает «прохождение» (конечно, мысленное) реципиентом вместе с автором анализируемого текста всей «цепочки» выводов и рассуждений, предпринятых в конкретном литературном источнике. Это прохождение по пути от выбранных предпосылок, оснований, исходных положений к заявляемому в тексте финальному результату; достраивание этой цепочки – в том случае, если сам автор анализируемого текста пропускает какие-то звенья или вообще ограничивается представлением конечного результата. А в ряде случаев переформулирование авторской позиции, её детализацию, конкретизирование и углубление, иногда приводящие к выдвижению исследователем-новичком собственной обоснованной позиции, альтернативной авторской. Обсуждаемый рефлексивный компонент анализа текста педагогико-образовательной направленности представляет собой единство *содержательного* и *логического* анализа, которые целесообразно представить по отдельности.

Содержательный анализ текста. Первое, о чём следует здесь говорить, это экспертирование читателем приведённых в тексте фактов, событий из области педагогической действительности, исторически зафиксированных, о степени проявленности в ретроспективном анализе известных исторических событий, корректности их содержательных интерпретаций. Например, цитированная в нашей предшествующей книге [25] статья об избыточности вузовского образования в России предполагает в качестве процедуры содержательного анализа попытки читателя понять, насколько надёжны данные из различных баз, использованные авторами текстов, достаточны ли объёмы выборок для формулировки выводов, предлагаемых авторами, каким другим статистическим данным (известным читателю ранее) они противоречат, каковы приоритеты доверия различным базам, чем они подкреплены. Например, данные из обсуждаемой статьи [25] противоречат множественно провозглашавшимся А. М. Новиковым выводам об избыточности высшего образования и незаполненности студентами сегмента начального и среднего профессионального образования, создающим массу технологических проблем промышленности России. Понять, чем может быть это противоречие обусловлено, сформулировать дополнительные шаги, которые необходимы, чтобы прояснить реальную картину (обращение к другим базам и т. п.), – такова задача выполняющего содержательный анализ текста автора.

Объектом содержательного анализа читателем педагогического текста являются также исторические факты и целостная историческая панорама того или иного педагогического феномена. Насколько полно представлена такая историческая панорама, что в ней пропущено или не сопоставлено с историческим значением, какие события традиционно интерпретируются односторонне, без учёта комплекса факторов и обстоятельств и т. п. – всё это предстоит выяснить читателю. В ряде случаев историческая панорама педагогического феномена проверяема методом экспертной оценки фактологической правдивости живыми свидетелями описываемых событий, к которым может обратиться педагог-исследователь.

Объектом содержательного анализа являются цитаты из текста автора и их интерпретация. Процедура анализа предполагает соотнесение педагогического видения цитат, известных читателю (им самим и того, которое предлагает автор текста), а также выявление того, насколько корректно проведено цитирование, какие пропуски осуществлены и не повлияло ли это на понимание смысла цитируемого. При таком анализе, естественно, задействуются ссылки, прилагаемые к изучаемой статье или книге.К содержательному анализу относится и отображение читателем новизны представленного в тексте содержания.

Дополнительными примерами, связанными с содержательным анализом читателем текста некоторого автора, являются такие: часто в педагогических текстах авторы указывают на нахождение эффективного средства формирования у студентов знаний, умений, компетенций, однако при этом эффективность часто путается с результативностью. В частности, эффективность должна проявлять результат с точки зрения необходимых для его достижения *затрат педагога*. Например, для достижения того или иного позитива может требоваться такая степень подготовки преподавателя к учебным занятиям, которая требует неимоверных каждодневных усилий, занимающих время существенно большее, чем имеется в наличном резерве. Также часто в педагогических текстах авторы используют термин «оптимальная методика, технология…» – содержательный анализ в этом случае предполагает выявление того, как установлен предъявляемый оптимум. Как минимум, это предполагает испытание двух-трёх альтернативных методик и проявление преимуществ той, которая объявляется оптимальной.

Одной из составляющих содержательного анализа является *анализ концептуальной направленности* научно-педагогического произведения – под этим мы понимаем систему исходных положений, на которые опирается автор исследуемого текста, и совокупность базовых, стержневых идей, которые он выдвигает и на которых строит своё дальнейшее рассмотрение. Конечно, в полном объёме это относится к такому жанру, как монография, однако проявляется и в малоформатных произведениях: статьях, брошюрах, очерках и т. п. К числу отмеченных выше исходных положений могут относиться, например, идеи, связанные с полипарадигмальным характером методологических основ современного образования: в нём в различные эпохи и периоды сочетались натурцентрические и биологические особенности и закономерности развития человека, а также теоцентрические, социоцентрические и антропоцентрические подходы. Известны и менее масштабные (иногда производные от только что отмеченных) личностно-деятельностный или компетентностный подход, идея развивающего обучения, фасилитативного, широко распространённого сегодня контекстного обучения и многие другие. В этом ключе анализ диссертантом-читатателем какого-либо текста предполагает выявление того, как анализируемый автор обозначил фундаментальные основы, на которых базируется его собственное рассмотрение, какие персоналии при этом задействованы (философов, науковедов, педагогов, психологов и др. учёных), какие положения из их многочисленных работ пропонент конкретно выделил.И конечно, читатель пытается проявить то, насколько ясно и внятно автор анализируемого текста расставляет собственные оценочные акценты, как обосновывает их актуальность для современной педагогической науки и практики.

Такая аналитическая деятельность, с одной стороны, позволяет диссертанту либо авторитетно подтвердить собственные, часто ещё слабо, эскизно сформированные педагогические взгляды, развить и достроить их до логической и содержательной завершённости, либо принять и осознать их авторитетное опровержение.С другой стороны, – познакомиться с тем, как пишутся педагогические тексты интересующего его жанра, как конкретно выстраивают свои рассуждения признанные «авторитеты» (положительный ракурс), или понять то, как «поступать не следует», реализуя в собственной научной деятельности принцип «на ошибках учимся».

Обсуждаемый содержательный анализ должен, на наш взгляд, предполагать и глубокое, всестороннее и разноплановое рассмотрение исследователем связей между задействованными в тексте педагогическими объектами и феноменами, выявление причин того или иного характера их протекания – в дополнение к тем, на которые указал автор анализируемого текста. Содержательный анализ должен предполагать выявление читателем того, насколько «достаточно» выявление пропонентом комплекса факторов, оказывающих влияние на протекание исследуемых педагогических явлений.И выявление того, насколько обоснованно обозначение того или иного фактора в качестве доминирующего, а какого-либо другого – в качестве пренебрежимого, а также (в «продвинутом» варианте) собственное выявление того, не может ли наступить такая ситуация, при которой главные и пренебрежимые факторы меняются местами. Особо в этом пункте стоят процедуры, осуществляемые читателем для определения того, не является ли описанное «рецензируемым» автором в анализируемом тексте иллюзорным эффектом, создающим лишь видимость продуктивного решения – в педагогических текстах, как показывает наш исследовательский опыт, это достаточно распространено.

В ряде случаев результат такой аналитической деятельности может стать отправной точкой собственного исследования, предпринимаемого читателем текста, тем фрагментом педагогики, который впоследствии получит в его работах более адекватное, нежели в прочтённом источнике, представление и более глубокое содержательное раскрытие.

Отметим, что содержательный анализ диссертантом педагогического текста предполагает и выявление *аспектной определённости* рассмотрения, предпринятого автором анализируемого источника, выявление того ракурса, того угла зрения, под которым он исследует педагогические объекты, феномены и особенности их протекания в конкретном сегменте педагогической действительности. Например, в одной работе автор может рассматривать образование как результат деятельности его субъектов, в другой – как личностную характеристику индивида, в третьей – как процесс, в ходе которого осуществляется педагогическое взаимодействие.В четвёртой работе – целесообразно сочетает все три описанных ракурса, конечно, обосновывая (в положительном варианте) целесообразность осуществлённого сочетания. Хорошо и добротно написанный в анализируемом источнике данный фрагмент текста может послужить полезным и конструктивным ориентиром для приступающих к написанию диссертаций по педагогике новичков.

Не всякому печатному слову верь. Одним из простых для понимания читателем, но важных при работе с современными текстами компонентов является нахождение в авторских продуктах различных несообразностей, некорректностей, ошибок – с позиционированием собственной обоснованной точки зрения. В качестве примера приведём представленную в одном из источников [12] трёхкомпонентную структуру – авторы вытягивают «в одну линейку» на шкале времени развития отечественного последипломного образования преподавателей вузов три этапа: академический, технологический, антропологический.В качестве главной цели на первом этапе заявляется передача обучающемуся теоретических и специальных знаний, на втором –овладение студентом информационными технологиями и ситуативными моделями профессионального поведения, на третьем – передача отношения к другому человеку как к субъекту саморазвития. При этом первый этап соотносится с начальным периодом формирования системы повышения квалификации преподавателей высшей школы, второй – с 80-ми годами прошлого столетия, когда в образовательный обиход достаточно интенсивно входили технологии, третий – с современным образовательным пространством.

Критический анализ представленной в тексте [12] информации в первом приближении позволяет в целом согласиться с выделением первого (академичного) и второго (технологичного) этапов, однако выделение третьего, названного антропологическим, несколько вычурно – стилистически и содержательно. Прежде всего, по причине явного разделения со вторым этапом: сегодня в послевузовском образовании противопоставление антропологических и технологических подходов неправомерно, поскольку технологии ещё более интенсивно внедряются в образовательный процесс на всех уровнях и одновременно (что не соответствует мнению авторов рецензируемого текста) развиваются антропологические подходы.

Содержательный анализ, помимо того, о чём уже было выше упомянуто, предполагает и выявление реципиентом *области применимости и степени однозначности выводов* автора анализируемого текста, и в итоге могут быть возможными несколько сюжетов. Читатель, во-первых, может конкретно определить, каким образом необходимо сузить, ограничить область применимости полученных и описанных в тексте результатов (какой тип пользователей адекватен разработанной методике, какой – с большой натяжкой, какой и вовсе нет). Во-вторых, наложить ограничение на «читаемый» вывод или результат в виде выявления и обоснования одного или нескольких дополнительных условий, необходимых для того, чтобы всё заявленное в рецензируемом тексте эффективно работало. Например, в качестве одного из таких условий может быть обозначена обязательность дополнительной подготовки преподавателей (достаточно глубокой и серьёзной), которые предполагают реализовать в образовательном процессе ту или иную предложенную методику. В-третьих, реципиент может предложить альтернативу тем подходам и технологиям, которые автор рецензируемого и осмысливаемого текста предлагает внедрить для достижения определённого положительного сдвига в образовательном процессе, а в ряде случаев тем или иным способом доказать, что описанная инновация вообще не приведёт к положительным результатам и (в случае позитивно ценной общей идеи) требуется серьёзная переработка как концептуального, так и технологического компонента замысла.

Ещё один пример. В одном исследовании, по различным причинам не цитируемом, автором представлен вариант системы обучения, основанной на широком использовании преподавателем схем-ориентировок в учебной деятельности студента, и вывод о необходимости их использования распространяется на все возможные случаи – во все сегменты обучения, в самых различных дидактических ситуациях. Фактически изобретено педагогическое лекарство от всех болезней. Потому в процессе содержательного анализа вполне уместно наложение читателем ограничений на область применимости авторской методики, например таких: использование ориентировочных схем деятельности целесообразно на начальных этапах усвоения базовых компонентов знания, в процессе решения тренировочных, типовых задач, на этапах закрепления базовых знаний. Оно ограничено в исследовательском обучении, в обучении проектном, приобретает там существенно иные формы, нежели те, которые представлены в тексте автора.

Данный компонент аналитической деятельности диссертанта также соответствует этапу конкретизации и создания читателем подробной «зарисовки» способа реализации собственного замысла, педагогического диссертационного проекта и позволяет ему осуществить некоторую часть собственной работы методом «от противного». Например, *путём конструктивной и обоснованной перестройки* известных из текстов и содержащих выявленный читателем негатив подходов и технологий, а также фокусирования всего положительного, что найдено у предшественников, в тот сегмент педагогической действительности, которым предполагает заниматься сам читатель.

Содержательный анализ педагогического текста его читателем целесообразно адресовать и к корректности цитирования и выявления содержательных основ исследования: например, сегодня масса авторов «основывают» свои подходы одновременно на теориях развивающего обучения В.В. Давыдова и Л.В. Занкова– несообразность очевидна, ибо два цитируемых подхода существенно различаются и необходимо чёткое указание на те компоненты, которые «заимствуются» из каждой теории в отдельности. Наконец, содержательный анализ текста соотносится с методом *наблюдения* образовательной действительности самим субъектом исследования, в повседневной профессиональной деятельности, в процессе специально организованных целевых педагогических экспедиций.

Содержательный анализ и реконструкция смысла написанного. В предпринятом нами рассмотрении нельзя не коснуться ещё одного важного аспекта, связанного с тем, что сегодня содержательный анализ в педагогике выполняет функцию поиска методов реконструкции смыслов, заложенных в текстах самими их авторами, а также поиска реципиентами новых, первоначально скрытых смыслов – посредством эмпатии, глубокого «вчувствования» в читаемое, рефлексии логики изложения результатов и её соотнесения с логикой существования и развития описываемых автором текста объектов и феноменов окружающей действительности. Преломляя это в область педагогического текста самого разнообразного жанра, целесообразно вспомнить М. Шлейермахера, указывавшего, что в процессе понимания текста происходит *диалог* между автором и реципиентом-читателем, который предполагает, прежде всего, установление соответствия между семантическими полями значений терминов, которыми пользуются участники этого диалога. И чем в большей степени будут пересекаться (а в идеале совпадать) эти семантические поля, тем большей степени адекватности понимания достигнут «собеседники» [36].

Однако точное указание в статьях, монографиях и других текстовых продуктах на семантическое поле каждого используемого термина вряд ли возможно, поскольку как минимум приведёт к многочисленным отвлечениям автора «в сторону» от обсуждаемой проблемы и затруднит понимание логики целостного текстового продукта читателем-интерпретатором. Кроме того, анализ содержания гуманитарных текстов показывает, что по ряду причин и вполне корректно определённые семантические границы отдельных терминов ещё не означают одинакового понимания содержания даже одного предложения, например, двумя реципиентами – это объясняется особенностями гуманитарного языка науки, использующего слова, зачастую не обозначенные чётко в словарях, и в силу непрерывного и зачастую непредсказуемого развития языка, его модификации «обрастающие» к определённому моменту в широком сознании читателя такими смыслами и значениями, которые ещё недавно не проявлялись. И конечно, даже в научном жанре гуманитарного, в частности педагогического, сегмента авторы сплошь и рядом используют образные выражения, сравнения, аналогии, клише широкого семантического спектра – потому и представляет достаточную трудность процесс интерпретации такого текста, потому и существует соответствующая научная проблема, требующая отражения в содержании педагогического образования.

Например, сам термин *образование*. Под образованием в одном случае авторы понимают и триединство обучения, воспитания и развития личности субъекта, в другом – результат длительного педагогического взаимодействия педагогов и студентов (школьников, слушателей системы дополнительного образования). Иногда образование рассматривается как процесс, так или иначе обеспечивающий приращение в интеллектуальной, эмоциональной и волевой сферах личности. Известны исследования образования как организационной системы; иногда под ним подразумевают длительный процесс, иногда лишь тот или иной результат, достигнутый в этом процессе. И множество других трактовок и подходов к определению базового элемента педагогической науки предлагают различные авторы. Такая полифония, безусловно, затрудняет грамотное пользование содержащим этот термин текстом, если, конечно, конкретное, ситуационное его значение не уточняет сам автор.И потому соответствующая процедура входит в поле содержательного анализа педагогического текста.

Продолжая обсуждение проблемы смысловой неоднозначности педагогических терминов, отметим такой объективно существующий сегодня феномен, как исторически сложившееся *одинаковое* обозначение авторами таких объектов и процессов педагогической действительности, которые сущностно весьма значимо *различаются*. Так, например, известно около десяти определений и функциональных обозначений *проблемного обучения* (метод обучения, обучающая технология, методическая система, тип обучения и т. п.).Так сложилось, что в определённый период времени (конец 70-х – начало 80-х гг. XX в.) этой тематикой занималось достаточно большое число авторов (среди наиболее известных

А.М. Матюшкин, И.Я. Лернер, М.И. Махмутов, Т.В. Кудрявцев, В. Оконь и многие другие учёные), и каждый вносил в определение исследуемого типа обучения свой собственный «привкус», «авторскую изюминку». В результате современный, особенно начинающий исследователь какой-либо родственной темы просто обязан понять, на какую концепцию проблемного обучения он опирается, в чем её отличие от существующих других.

И приведённый пример далеко не единственный – такая же ситуация с термином «компетентностный подход»: те компоненты, которые выделяет в его структуре, например, А.В. Хуторской, не совпадают со структурой, предложенной каким-либо другим автором (Ю.Г. Татуром, И.А. Зимней или кем-либо ещё). Похожее наблюдается и в отношении клише «развивающее обучение» – например, развивающее обучение по Л.В. Занкову (и естественно, авторам, считающим себя принадлежащими его научной школе) предполагает специально организованное обучение повышенного уровня интеллектуальной трудности – с самых ранних лет пребывания в школе. А развивающее обучение по В.В. Давыдову – это обучение, в котором доминирует формирование у учеников умений теоретического содержательного обобщения. Потому постановка аспирантом в автореферате, в разделе «Методологические и теоретические основы исследования» работ этих авторов в один ряд, под единым «грифом» может привести незадачливого цитирующего к конфузу. Огромная масса различных определений и трактовок сопутствует сегодня и таким широко распространённым клише, как *личностно-ориентированное обучение, деятельностный подход* в обучении – причём в последнем случае дисперсия смысла и разноголосица базовых определений очень существенны. К сожалению, эта ситуация в педагогике сегодня массовая.

Содержательный анализ научных текстов по педагогике предполагает также осознание читаемого продукта на предмет реальной новизны заявляемого результата и способов его достижения. Классифицируя такие варианты, мы выделяем ряд клише: 1) автор решает известную проблему новыми способами (например, находит способ формирования у студентов умений применять теоретические методы научного познания посредством реализации деятельностного подхода, в то время как предшествующие исследователи использовали при этом проблемное обучение); 2) автор сам открывает новую исследовательскую область научного педагогического поиска, формирует её глоссарий, проблему, гипотезу и далее выполняет описанный в наших и других книгах исследовательский цикл; 3) автор выявляет точки соприкосновения двух или более так или иначе исследованных областей и находит способы конструирования нового синтетического решения – например, исследования на поле личностно-ориентированного и компетентностного подхода интегрируются и обозначаются как личностно-деятельностный подход.

Представленный в последнем подразделе сюжетный ракурс анализа начинающим диссертантом помещённого в каком-либо педагогическом источнике текста, безусловно, труден для самостоятельного осуществления – особенно для начинающего педагога-исследователя.Потому эта процедура предполагает помощь научного руководителя или более опытного по части педагогического чтения коллеги. В любом случае он очень важен для формирования методологической культуры будущего кандидата наук и заслуживает внимания.

Безусловно, проблемы содержательного анализа текстов в педагогике гораздо глубже, чем различение неправомерно отождествляемого и приведение к общему знаменателю неправомерно противопоставляемого. Следующим его компонентом является проявление реципиентом авторской позиции по поводу позитива и негатива в образовательной практике, по степени согласия пропонента с тем или иным теоретическим подходом или технологическим решением обсуждаемой в тексте проблемы. Это происходит потому, что часто автор статьи или пособия всячески отсрочивает её высказывание, мучительно долго анализируя, взвешивая все «за» и «против», приводя мнения авторитетных коллег по педагогической науке, и в конце концов собственного мнения так и не приводит – догадаться об этом, видимо, представляется читателю. В задачу реципиента в этом случае входит многократное внимательное прочтение текста, его обдумывание, а иногда и задействование других работ анализируемого автора, обсуждающих близкие проблемы и относительно недавно опубликованных.

К числу процедур, входящих на правах составляющих в сферу содержательного анализа педагогического «текстового» знания, относятся компрессирование излагаемого в тексте, выражение его в формате stans pede in uno (*лат.*). Это актуально, если в первоисточнике мысль изложена длинно, путано, витиевато. Также иногда целесообразно подробное, поэтапное разворачивание мысли автора – если он сам этого не осуществил, оборвав логику своего рассуждения, ограничившись исходной посылкой и финальным результатом (как часто пишут в математических и физических учебниках: как можно показать... и следует вывод, движение к которому предполагает две-три страницы громоздких и нетривиальных выкладок). Выполненные по индивидуальному заданию руководителя или на занятиях по методологии педагогики в системе аспирантуры (которая по новому образовательному закону уделяет значительно большее, чем ранее, внимание систематическому очному обучению аспирантов) такие «компрессивные» или «раскрывающие» по отношению к предложенному тренировочному тексту задания, с нашей точки зрения, очень ценны для подготовки исследователя-педагога.

Приведём пример компрессированного представления фрагмента педагогического текста, заимствовав текст первичный из работы В.А. Сластёнина и Л.С. Подымовой «Педагогика: инновационная деятельность».

«Мотивы внешнего самоутверждения педагога рассматриваются как мотивы самоутверждения через внешнюю положительную оценку окружающих. В этом случае педагог занимается введением инноваций главным образом ради достижения положительного общественного резонанса своего труда. Этот мотив также можно назвать мотивом профессионально-общественного престижа.

Педагогическая деятельность при доминировании мотивов самоутверждения привлекательна тем, что частичное удовлетворение потребностей, соответствующих этим мотивам, возможно на уровне реализации педагогической деятельности, то есть достижения самоутверждения в отношении обучаемых и их родителей. Связь с самооценкой определяет высокое место мотива самоутверждения в общей иерархии мотивов. Эти мотивы могут быть также как осознанными, так и неосознанными.

В обоих случаях они имеют высокую побудительную силу. Особенность состоит в том, что их достижение существенно зависит от специфики самооценки. Здесь возможны несколько вариантов: первый имеет место тогда, когда человек осознаёт зависимость между собственным вкладом в успешность деятельности и внешней оценкой этого вклада.

Деятельность в этом случае будет сопряжена с поиском внешней оценки повышения её эффективности. Специфическая особенность такого подхода состоит в выборе средств, сулящих скорую и эффективную отдачу в активном поиске и опробовании новых методик преподавания и воспитания, часто без длительной и настойчивой их доработки в соответствии с индивидуальным стилем деятельности.

При анализе своей деятельности осознанно и неосознанно акцентируются положительные моменты реализации задуманного и не замечаются неудачи. Чем выше притязания такого педагога, тем признание более значительного успеха необходимо для его самоутверждения. Если самоуважение формируется как отражение уважения со стороны компетентных коллег, то естественно и ожидаемо поведение, ориентированное на быстрое достижения успеха, на непременное признание его, отсюда – поиск внешних эффективных способов работы.

Возможен иной вариант: субъект осознаёт, фиксирует отсутствие обязательной, прямой связи между собственным вкладом в профессиональную деятельность и положительной оценкой этого вклада окружающими как основы высшего самоутверждения личности. В этом случае для личности, мотивированной на самоутверждение, данный вид профессионального труда остаётся средством самоутверждения до тех пор, пока не будет найдено другое более эффективное средство, реализующее данный мотив. Сформированность познавательной деятельности ученика, уровень усвоения знания не являются главной целью такого педагога, главное – положительная оценка его работы. В таких случаях наблюдается тенденция превратить использование новых эффективных методов работы в самостоятельную задачу, подчиненную не целям обучения, а личному успеху. Учебное занятие переживается с этих позиций, содержательная сторона его рассматривается лишь с точки зрения открывающихся в ней возможностей для достижения основной цели. По данным опросов такие педагоги составляют около 30% от общего числа…»[13].

Очевидно, что данный текст чрезмерно перегружен стилистически, в нём огромное количество повторов, и всё это крайне затрудняет понимание смысла, высказанного авторами. Приведём наш вариант компрессирования развёрнутого текста, не теряющего сути изложенного:

---

13 Сластенин В.А., Подымова Л.С. Педагогика: инновационная деятельность. М.: ИЧП «Издательство Магистр», 1997. – 224 с.

Речь идёт о двух типах педагогов: первый занимается педагогической деятельностью, внедряет новые формы обучения по внутреннему движению души, желая качественно обучить и воспитать своих учеников; второй – только для того, чтобы заслужить положительную оценку социума. Таких учителей – 30% от общего числа опрошенных.

Краткий, компрессированный текст, но суть «длинного» первичного изложения не потеряна.

К сказанному выше по поводу реконструкции смысла написанного добавим такую процедуру, которую необходимо осуществлять сегодня читателю педагогических текстов, – это *перевод содержания «с русского на русский»*. Это обусловлено такой особенностью современных педагогических текстов, как резкая трансформация языка в направлении широкого использования авторами терминов неоднозначных, напрямую без учёта контекста непереводимых. Приведём пример. Не желая высвечивать данные авторов, задействуем фрагмент текста из журнала «Высшее образование в России»: *формулу успешного университета, вписанного в нелинейный контекст современного глобального коммуникативно-информационного пространства, можно определить как универсальный центр превосходства и инвестиционных проектов*. Надеемся, что нашему читателю очевидно, что перевод с русского на русский необходим и очень труден – в качестве одной из версий предложим такой перевод: успешный университет в современном мире является сообществом интеллектуалов высокого уровня, и обществу имеет смысл вкладывать деньги в развитие университетов.

Приведённый пример не является специально подобранной выжимкой – он распространён в публикационной педагогической среде очень широко. Многие журналы намеренно переходят на такой стиль текстов, и их чтение это крайне затрудняет. Потому «перевод с русского на русский» обозначен нами как отдельный пункт содержательного анализа.

Тексты философские и историко-педагогические. И наконец, следует кратко остановиться на такой части содержательного анализа текста, которая относится к работам, связанным с философией образования. Например, читая тексты представителей философского постмодернизма (М. Фуко, Р. Барта, Ж. Бодрийяра и др.), исследователь-педагог осознаёт, что это учение напомнило всем, что человеку позволено быть таким, каков он есть, имеющим право на собственную позицию, на способ проявления себя в социуме.Перестали игнорироваться человеческая телесность и чувственность [36]. Анализ содержания текстов авторов философии постмодерна позволяет читателю понять корни «новой» педагогики последней трети XX в., использовавшей отличный от предыдущих педагогических схем глоссарий, активно включившей в свои теоретические и практические сюжеты индивидуальный подход, идеи доверия к воспитаннику, ненасилия над ним, предоставления права выбора собственного образовательного маршрута. Читатель текста как одно из возможных может заключить, что эти прогрессивные «нововведения», несмотря на всю свою привлекательность, в отечественном образовании принимали зачастую экстремальные, крайние формы, и непродуманно «пересаженная» в традиционный российский императивный учебный процесс постмодернистская свобода приносила результаты карикатурные и хаотичные. Более подробное и вместе с тем обобщённое представление процесса чтения текста философского будет осуществлено в последней главе нашей книги.

Особый случай – чтение текста историко-педагогического, например, хрестоматии. Здесь посредством соприкосновения с текстом читатель ощущает дух того времени, когда был написан текст, познаёт историко-социальные корни выдвигаемых автором педагогических идей, особенности их текстового описания, проецирует их на современность. Темп чтения в данном случае более медленный, чем у текстов современных, режим чтения – повышенно включённый, размышляющий, сопровождаемый подробным конспектированием.

Историко-педагогический текст как объект чтения педагогом-исследователем неизбежно сопряжён с социокультурной интерпретацией отражаемых в нём историко-педагогических событий, а также с операцией сравнения того, как в различных источниках отражаются одни и те же исторические факты, связанные с феноменом образования. Последнее есть очень трудный и требующий скрупулёзного подхода процесс, требующий обоснования выбора того или иного источникового контента. Такое обоснование ставит вопросы о том, почему исследовательский вывод читателя текста склоняется к мнению, высказанному в одном источнике и практически игнорирует мнение другого источника. Равно как и вопросы о том, почему традиционная интерпретация исторически зафиксированного образовательного феномена прошлого существенно модифицируется тем или иным автором. Вдобавок интересно обоснование того, почему традиционный источниковый исторический контент расширяется каким-либо педагогом-исследователем таким источником, который предлагает факты малоизвестные, интерпретирует их, внося существенный «деструктив» в традиционные интерпретации.

Логический компонент анализа текста. Здесь мы закономерно переходим от содержательного к *логическому* компоненту рефлексии педагогического текста и позиционируем в качестве основной процедуры реконструкцию читателем логики рассуждений автора анализируемого текста. Такая логическая реконструкция хода авторской мысли есть зачастую весьма тонкий и деликатный процесс, требующий огромных усилий читателя и не всегда быстро приводящий к успеху. Проще говоря, читающему иногда так и не удаётся прийти «вместе» с автором к той мысли, к тому выводу или заключению, которое приведено в самом педагогическом тексте.

Этому может быть несколько причин. Например, сам автор в процессе молчаливого рассуждения при написании текста мог допустить замену тезиса, неправомерный логический переход от одного тезиса к другому (указав, что из некоего А следует некое В, а на самом деле такого следования нет). Или недостаточно ясно сформулировать исходный тезис, посыл, который привёл его к выводу, описанному в тексте. Автор текста мог в процессе своих рассуждений допустить переход от утверждения, справедливость которого не вызывает сомнений только при выполнении некоторых условий, к утверждению, ссылки на эти условия не содержащему. Автор мог допустить неправомерное расширение круга объектов (феноменов, процессов педагогической действительности), для которых справедлив какой-либо его вывод или умозаключение. Автор читаемого текста мог также осуществить поспешное обобщение, проявив несколько позиций частного характера, а затем сформулировав вывод обобщённый, но неправомерно широкий. Сходные возражения к логике текста могли бы быть предъявлены, если автором осуществляется аналогия, – такой рискованный приём должен быть оформлен аккуратно, подкреплён соображениями по поводу своей законности. Автор читаемого текста мог нарушить правила формулировки определения процесса или феномена, а также правила классифицирования, о которых мы ведём речь на протяжении всей книги. Наконец, автор текста мог обозначить причину того или иного характера протекания исследуемого педагогического процесса, не проявив корректности такого обозначения, заменив несколько реальных причин одной-единственной. Из всей совокупности условий, влияющих на педагогический феномен или процесс, автор мог выявить лишь неполное множество.

Подкрепим все эти позиции рядом примеров. В работах историков педагогики в последнее время звучит мысль о возвращении в отечественную школу ряда элементов школы советской (комплекс ГТО, участие школьников в спортивном ориентировании и других туристических мероприятиях, элементы патриотического воспитания), и на этой основе делается вывод о том, что этот процесс будет продолжаться [3]. Вероятность прогноза при этом не оценивается, логического обоснования он не получает и потому весьма сомнителен: нахождение *нескольких* признаков феномена (советская школа) на новом поле не свидетельствует о его полном проявлении.

Большой проблемой является формулировка в текстах педагогических определений: 1) авторы часто слабо осознают, что в правой части (раскрывающей феномен, обозначенный в левой части) в случае перечисления признаков они должны по возможности образовывать полное множество, покрывающее всё содержательное поле определяемого феномена; 2) представленные в правой, раскрывающей части признаки не должны пересекать друг друга; 3) они не должны друг друга исключать; 4) в раскрывающей части не следует путать различные «этажи», на которых расположены выделяемые признаки, к нескольким типам в один ряд не должны дополняться *подтипы*.

Пусть в педагогическом определении, ориентирующемся на формы психического отражения человеком окружающей действительности, справа представляются *две* позиции, связанные с интеллектуальными и эмоциональными компонентами. Такое определение критикуемо на основе известных из психологии *трёх* форм психического отражения: интеллекта, эмоций, воли – отсутствие в определении волевого компонента есть причина такой критики. Из этого примера будет ясен повод для критики аналогичного определения, содержащего в правой части, например, четыре компонента – два из них (или более) будут пересекать друг друга.

Ещё один пример. В определении содержания образования на основе источников опыта обучающегося справа обозначается совокупность, извлекаемая из четырёх источников: объективной реальности, учителя, самого ученика и его предшествующего опыта [40]. Претензии к такому определению основываются на пересекаемости четырёх правых компонентов: объективная реальность включает два следующих субъекта (учитель и ученик), третий компонент (ученик) добавлен его же собственным опытом. Налицо также «разноэтажность» представленных четырёх правых. Сродни этим нарушениям множественные допускаемые в текстах некорректные классификации, о которых мы ведём речь на протяжении всей книги.

Далее о нарушениях при использовании автором текста аналогий. Например, в тексте Е.А. Солодовой [55] модель усвоения учебного материала формулируется на основе аналогии механизмов человеческого усвоения информации и технических систем с памятью (радиотехнических цепей с распределёнными параметрами), но никаких даже минимальных попыток обосновать такую аналогию нет. Всем, кто знаком с проблемами функционирования человеческого мозга, очевидно, что такая аналогия просто неправильна. Приведённый пример не единственный – масса аналогий западных образовательных систем с отечественными как исследовательские аргументы весьма слабые.

Наконец, проявим на примере текста уход авторов от первоначального тезиса. В брошюре В. А. Попкова и В. Д. Жирнова «Болонский процесс – дорожная карта в никуда»[14] критика начинается с самого Болонского процесса, в основном за обучение узкоспециализированным умениям и знаниям. «Обучение без установки на идеал всестороннего и гармоничного развития

---

14 Попков В.А., Жирнов В.Д. Болонский процесс – дорожная карта в никуда. – М.: Изд-во МГУ, 2005. – 128 с.

личности представляет собой "дрессировку" каждого человека на овладение тем или иным ремеслом. Оно формирует утилитарно не бесплодные знания, умения, навыки, которые не только не обогащают, но и опустошают душу и уничтожают всякий дух… Если воспитание ориентирует на развитие способностей без заранее установленного масштаба, то оно формирует человека принципиально незаконченного, обучение без воспитания формирует законченного толеранта. Стратегическим направлением сокрушения системы образования и подготовки духовно ущербного толеранта в сфере образовательных услуг является предначертанный антифундаментализм обучения снизу доверху и сверху донизу».

Критика утилитарности Болонского соглашения перескакивает на критику толерантности как ценности, навязанной Западом, а затем вновь возвращается к критике антифундаментализма болонских идей. В результате всё и вся объявляется негодным. При всей неоднозначности идей Болонского соглашения оно, ориентируя на двухступенчатую модель высшего образования (бакалавриат – магистратура), объявляет первую ступень чем-то вроде общего высшего образования, на плечи которого и ложится фундаментальная подготовка. На уровне магистратуры эта фундаментальность приобретает конкретные прикладные черты, непосредственно связанные с будущей профессиональной функцией выпускника вуза. Однако всё это имеет весьма отдалённое отношение к толерантности, критика которой вставлена внутрь критики Болонского процесса. Перескок с одного тезиса на другой и некритичный возврат назад очевидны, как и соседствование логических нарушений с содержательными.

К логическому компоненту анализа текста по педагогике относятся педагогические условия, очень часто присутствующие в работах разного жанра, наиболее часто – в диссертациях. Среди условий читателю, анализирующему текст, как минимум целесообразно выявить, к какому *типу* они относятся: к необходимым, без осуществления которых желаемый позитив в образовательном процессе недостижим, или к достаточным, осуществление которых обусловливает наступление желаемого позитива. Более скрупулёзный анализ представленных автором текста педагогических условий предполагает выявление условий необходимых, но достаточными не являющихся, а также достаточных, не являющихся необходимыми. Например, предметная подготовка преподавателя в области науки, соответствующей той или иной учебной дисциплине, является условием для успешного усвоения студентами её содержания *необходимым*, но отнюдь *не достаточным*. Необходимо выполнение условий владения преподавателем методикой организации деятельности студентов, наличия учебных средств для формирования умений, а также условия мотивированности студентов к учёбе и ряд других. Наш анализ показывает, что в большинстве случаев в педагогике комплекс необходимых условий образует множество, отображаемое как условие достаточное.Однако существует и ряд особенных случаев, когда, например, автор формулирует достаточные условия с «избытком», из которых для выявления необходимого можно некоторые из предъявленного списка исключить.

Всё описанное вполне относится как к педагогическим текстам утверждающим, креативным, так и к критически осмысливающим педагогическую действительность и описывающие её тексты. Здесь возможны в грубом приближении три случая: а) согласие читателя с критикой автором кого-либо; б) его несогласие с критикой по причине нарушения самим критиканом логической и содержательной корректности; в) несогласие с методом критики, но согласие с полученным критическим результатом.

В процессе анализа часто предлагаемой авторами в текстах критики предшественников важно также следующее обстоятельство: в процессе выдвижения критических суждений авторы иногда необоснованно упрекают оппонентов за определения педагогических объектов и феноменов, забывая, что формулировка определений – во многом процедура *конвенционального* плана. Потому критика возможна либо за нарушения явных правил корректного определения, либо за неполноту позиций раскрытия в правой части определяемого феномена (левая часть). При этом упрёки за множественность определений одного и того же феномена в ряде случаев также безосновательны.В научной педагогике это вполне допустимо по причине возможности существования нескольких теоретических схем, на основе которых формулируется то или иное определение. Например, образование может определяться как процесс, как результат педагогического взаимодействия, как социокультурный феномен, как организационная конструкция и ещё множеством других исходных позиций. Об этом уже подробно шла речь выше.

Обсуждаемый нами пласт анализа читаемого текста дополняем осознанием читателем логико-содержательной структуры крупного фрагмента или целостного текста, например: исходная посылка → логико-содержательное её развитие →умозаключение → возврат к исходной посылке (тезису) → осмысление её с другой точки зрения → новый вывод → его соотнесение с первоначальным выводом. Это опосредует читательский вывод о том, насколько удачно выбран автором вариант изложения его мысли, насколько он доступен потенциальным читателям, насколько соблюдаются правила логической корректности переходов от шага к следующему.

И что в результате?.. Всё обсуждённое выше позволяет нам утверждать, что рефлексивный компонент анализа педагогического текста проявляет *конструктивную* составляющую, что выражается:

- в том, что обозначенные в источниках или самостоятельно выявленные на основе анализа текста *противоречия* педагогической действительности становятся для начинающего автора основой или отправной точкой собственного исследования. Выделяя в выявленном противоречии тот или иной узкий аспект, автор развивает его в своей работе и конструирует собственные подходы к его разрешению;
- в том, что обозначенные противоречия (или выявленные самим автором) могут привести его к нахождению одного или нескольких их «производных», на которых сам автор текста явно не акцентировался, – диссертант получает интересный сюжет для будущей собственной работы;
- в том, что обсужденное в статье осмысление читателем способов текстового представления авторами собственных мыслей и процесса их развития формирует у него соответствующие умения по отношению к собственной деятельности аналогичной направленности;
- анализ текста, сочетающий все обсужденные в статье процедуры, разнообразные и многоплановые интеллектуальные упражнения на исследовательском поле педагогики, безусловно, формирует у педагога-исследователя и креативное начало, собственный педагогический стиль и неповторимый индивидуальный, авторский научный («исследовательский почерка»).

Ещё раз о реконструкции смыслов, или педагогическая герменевтика. Эта тема кратко и удачно отображена в книге М.А. Лукацкого [36]. Представляя читателю проблему анализа педагогического текста, мы не можем не вспомнить постепенно внедряющиеся в педагогику герменевтические подходы. Слово «герменевтика» имеет древнегреческое происхождение и первоначально обозначало искусство интерпретирования, истолкования различных текстов, а также их перевода на другой язык – такого, при котором смысл написанного максимально адекватно передаётся в самом тексте и воспринимается зарубежными реципиентами. Возникнув в Древней Греции, это слово сразу же пропозиционировало обучение и воспитание как главные сферы своего практического «приложения»: обучение чтению и литературе начиналось там с изучения поэм Гомера, понимание содержания которых вызывало у обучавшихся значительные трудности из-за мифологичности их содержания, давнего написания, и афинские учителя грамматики (грамматисты) должны были обучать своих учеников истолкованию этих текстов, «прибегая к критике». Позже возникла филологическая герменевтика, изучавшая методы и приёмы истолкования содержания и перевода античных текстов. В Средние века возникла библейская экзегетика, истолковывающая тексты Священного писания, а позднее юридическая герменевтика, предметом которой стали истолкования юридических документов. Историки и методологи науки отмечают, что до начала XIX в. герменевтики как целостного учения и относительно самодостаточной отрасли науки не существовало – лишь в 1819 г. немецкий философ Ф. Шлейермахер провозгласил проект создания «искусства понимания, которого до этого не существовало, хотя имелись специализированные герменевтики» [36, с. 77 –78].

Сегодня работы по педагогической герменевтике пока ещё немногочисленны, однако мы имеем основания надеяться, что полноценное проникновение герменевтических методов позволит сформировать нечто подобное самодостаточной, целостной теории анализа педагогических текстов. К рассмотрению герменевтики мы ещё планируем вернуться в заключительной главе книги.

С какими методами исследования сопряжён анализ педагогического текста? Анализ педагогического текста неизбежно сопряжён с комплексом методов педагогического исследования, среди которых *интерпретация,* отражающая превращение той или иной формальной системы в язык, описывающий ту или иную предметную область. В педагогическом тексте интерпретация предполагает раскрытие смысла и значения терминов и клише, употребляемых в педагогических изданиях, раскрытие контекстного значения терминов, компрессированное представление фрагментов текста, смыслорасширяющие записи читателя, формулирование смысла и сути излагаемого в формате stanspedeinuno, иногда перевод «с русского на русский».

Анализ педагогического текста неизбежно связан с методом *изучения исследователем литературы, документов и результатов деятельности;* также он связан с известным в науковедении методом экспертизы, о котором подробно шла речь в главах первой и второй. Анализ педагогического текста также связан с обозначенными А.М. Новиковым [40] теоретическими методами: а) *конкретизации* читателем общих проявлений и тенденций развития педагогической реальности; б) *мысленного эксперимента,* в который включается читатель, адресующийся к описываемым сюжетам педагогической действительности и управляющим ими закономерностями; в) методом *выявления и разрешения противоречий;* г) методом *сравнения* теоретических позиций различных авторов, философско-психологических оснований пропагандируемых педагогических воззрений, подходов, обучающих методик и т. п.

Современное педагогическое «академическое письмо». Раскрывая заявленный термин, отметим, что наиболее близким к нему среди известных науковедческих понятийявляется клише *«язык науки».* Это – многокомпонентный конструкт, включающий используемые в той или иной её области термины, их содержательное наполнение, те особенности их смыслового звучания, которые характерны именно для конкретной отрасли знания, распространённые семантические клише, принятые и понятные специалистам, наконец, специфику стиля научной речи (письменной и устной). Для естественных и технических отраслей знания *язык науки* включает и специальные средства представления знания (диаграммы, формулы, специальные знаково-символические средства, графика и т. п.). В нашей книге мы адресуем рассмотрение исключительно в область педагогического знания и считаем целесообразным сфокусировать внимание на различных стилях изложения, выявленных в процессе анализа достаточно большого массива статей, книг, монографий, учебников и пособий по педагогике. Подробно об этом уже шла речь в нашей книге, и теперь мы спроецируем представленное выше рассмотрение в проблему «педагогическое академическое письмо».

Обсуждая «академическое педагогическое письмо», мы неизбежно сталкиваемся с проблемой адекватности восприятия содержания текстов читателями и с мотивационными аспектами чтения педагогических произведений. В связи с этим педагогический социум очень часто сегодня сталкивается с путаницей (смешением) представления знания *научного* и имитирующего его представления *наукообразного*, в котором «за деревьями леса не видно». Сложность раскрытия терминов, стилистическая непривлекательность изложения, необходимость перечитывать и переводить на понятный язык чуть ли не каждую фразу и т. п. крайне затрудняют понимание сути излагаемого и не мотивируют читателя к вдумчивому чтению, осознанию того, о чём пишет автор. Это обстоятельство заставило нас обозначить трудные для решения проблемы термином «живое знание» и позиционировать общие подходы и определения в область педагогических текстов.

«Живое знание» в педагогике. «Знание живое» – словосочетание, имеющее в качестве английского эквивалента «living knowledge», в начале XX в. использовали философы Г.Г. Шпет, С.Л. Франк и ряд других авторов. В частности, в книге «Живое знание» С.Л. Франк говорит о живом психологическом знании, выдвигая в качестве его основных признаков открытость и недосказанность, задействование связи науки и искусства [18]. Автор особо отмечает, что искусство на столетия опережает науку как в познании неживого и особенно живого, – наука же «анатомирует», искусственно дробит мир на различные части, сегменты, зачастую имеющие свойство не склеиваться, не синтезироваться в некое целое.При этом особый упрёк из уст автора звучит в адрес наук о человеке, к числу которых педагогика по праву относится. При этом в структуру «живого знания» автор включает так называемые предзнаковые формы знания, элементы интуитивного мироощущения, неконцептуализируемые образы окружающего мира, житейские понятия неясного происхождения, а также собственно знание в традиционном понимании. В последнем особенно выделяется «знание о знании» – фактически это отрефлексированные концепты знания, и знание о незнании, в частности, то, что согласно Я. Коменскому, является источником жажды знания, движения в направлении обретения мудрости в широком смысле слова [18].

Клише «живое знание» мы считаем возможным добавить тезисом, смысл которого будет ясен из одной рецензентской оценки текста, услышанной нами на научной конференции: «Завораживает сама стилистика мастера – захватывающая энергетика этого текста, подлинная его пассионарность, задиристость; при этом написана работа удивительно чётким языком, с какой-то родниковой ясностью каждой фразы». Комментарии здесь излишни и смысл относимости рецензированного текста к «живому знанию» вполне понятен. К «живому знанию» мы считаем возможным также добавить эстетическую привлекательность педагогического текста, предполагающую использование его автором той или иной нетривиальной аналогии, удачного образного сравнения педагогического феномена с каким-либо широко известным феноменом общекультурным, близким к эстетическому идеалу, эталону интеллектуального совершенства, симметрии, гармонии, использование понятной читателю метафоричной формы.

Анализируя данные проблемы в обстоятельной статье, В.П. Зинченко в заключении описания феномена «живого знания» упоминает о том, что любой текст как носитель знания, с одной стороны, «сопротивляется чтению и интерпретации, а с другой – *взыскует* читателей и интерпретаторов» [18].

Последнее клише мы считаем возможным раскрыть как целесообразное стремление автора текста к тому, чтобы его мысли, умозаключения, логику обоснования и доказательства нетривиальных утверждений, смысловые наполнения излагаемого мог адекватно желаемому воспринять,интериоризовать, отрефлексировать, при необходимости воспроизвести и продуктивно использовать в различных форматах читатель. Это, в свою очередь, предполагает как обязательное исходное условие *восприимчивости текста* его способность к созданию в сознании реципиента динамической последовательности образов, функционирующих «по сценарию», заложенному в авторском тексте.В этом тексте должны логически обосновываться те или иные выводы, выявляться предпосылки того или иного феномена и описывающего его знания, динамика их развития и т. п. При этом, конечно, чем большее число читателей способно на создание в своём сознании такой образной основы, тем выше показатели востребуемости текста, его читаемости, воспроизводимости заложенных «первичным» автором идей читателями. И всё это представляет собой сегодня актуальную проблему педагогического научного социума.

Актуальность этой проблемы связана, по нашему мнению, со слабой востребованностью, низкой «читаемостью» педагогических книг, статей, монографий и даже учебных пособий, не говоря уже о таком академичном жанре, как диссертации по педагогике. Это выявляется, в частности, из анализа данных, отражающих публикационную активность авторов и индексы их цитируемости (как начинающих, так и известных в педагогике), например, на основе известной сегодня базы РИНЦ, и отчасти, конечно, объясняется невозможностью исследователя или педагога-практика охватить лавинообразно нарастающий в последние два десятилетия массив информации даже по какой-либо весьма узкой проблеме. Однако у нас есть серьёзные основания утверждать, что только одним этим обстоятельством причины низкой востребованности текстов по педагогике не ограничиваются.

Направляя дальнейшее рассмотрение в это русло, мы постараемся обозначить и обосновать те особенности текстов образовательной тематики, которые обусловливают весь описанный негатив, и конечно, сформулировать в дискуссионном формате ряд критериев, которым могли бы отвечать реально востребуемые читателями тексты.

А почитав реальный текст... Позиционируя в качестве средства преодоления описанного широко проявляющегося негатива феномен «живое знание», мы представим (насколько бы вычурным это ни казалось) его антипод – метафоричный феномен «знание *мёртвое*» и его покомпонентное авторское наполнение. В качестве первого приведём тезис о зачастую очень непривлекательном литературном стиле многих педагогических повествований. По образному выражению А.М. Новикова, это ярко высвечивается анекдотичной ситуацией, когда вместо простого и понятного «для чего попу гармонь?» используется якобы придающий научную значимость его научный «перевод»: о целесообразности использования нещипковых музыкальных инструментов лицами духовного звания! [40, с. 58]. Громоздкими, пересыщенными высокопарным стилем, часто содержащими иностранные заимствования фразами и оборотами (вместо простого «*нехватка, недостаток учебного времени*» якобы более академичное «*ограниченный, а иногда – лимитированный бюджет (ресурс) учебного времени*»), излишней тягой к использованию философских понятий и категорий характеризуются сегодня тексты во многих известных источниках педагогического направления. И эта особенность не имеет тенденции к изживанию.

Зачастую литературная, стилистическая непривлекательность текстов «соседствует» с бессодержательностью написанного. Так, для педагогических текстов характерна – особенно в последнее время – тяга к многочисленным перечислениям, с использованием избитых, повсеместно употребляемых выражений, отчасти потерявших для читателей свой изначальный смысл. Например, в одном из источников (по этическим причинам не указываемом) перечисляются *методологические функции педагогического образования: прогрессообразующая, ценностно-ориентационная, интеграционная, междисциплинарная, культурно-гуманизирующая, прогностическая, практическая (укрепление связи со школой)* – при этом каждая кратко расшифровывается самыми общими «хрестоматийными» словами. При первом знакомстве с выделенными компонентами становится очевидным, что никакого отношения к методологическим функциям (как заявлено автором) они не имеют – это обычные, традиционные функции педагогического образования, вдобавок ко всему часто нелепо интерпретированные: интеграционную функцию автор расшифровывает как «*обоснование нового типа университетского образования как общего поля модернизационной деятельности всех факультетов в сфере образования*». Убивающая нелепость формулировки, отсутствие смысла, повторы слов – всё это не вызывает никакой положительной эмоциональной реакции от прочитанного, зачастую лишь отвращение.

В последнее время методологи науки во весь голос говорят об интеграционных процессах, в частности, охвативших и педагогику, и выражающихся в использовании исследователями проблем образования различных мета- и междисциплинарных терминов, подходов, методов исследования и описания феноменов и процессов.

Никто не спорит с очевидным, однако зачастую в текстах педагогических статей и книг в связи с этим появляются, например, такие «междисциплинарные» сюжеты анекдотичного содержания: *«масштабные исследования свойств открытых неравновесных, нелинейных систем и процессов в многомерных пространствах современного социума позволяют с наибольшей полнотой и степенью определённости выявленных тенденций и социально знаковых фактов методологически обоснованно выстраивать концептуальный фундамент устойчивого развития, стабильности и прогнозирования стратегий и ценностно-смысловых концептов социокультурного развития в различных пространствах социума»* (по очевидным причинам источник не упоминается). Жуткое нагромождение метанаучных терминов, абсолютно непереводимая на обычный «живой» язык абракадабра.

И этот пример – далеко не единственный: масса исследователей-педагогов заявляют в текстах синергетический подход (при этом в разговоре знания сущности термина «самоорганизация» не проявляют – даже в общем ракурсе, не говоря уже о конкретном, «сюжетном» его наполнении).Сплошь и рядом используются адресации к системному подходу. При этом в лучшем случае с огромным трудом такой автор называет в хаотичном, неранжированном формате избранные компоненты своей «системы» и проявляет общее понимание связей между некоторыми из них. Однако никакого понимания полноты, степени открытости или изолированности, уровней структурной организации и т. п. в подавляющем большинстве случаев не выявляется.Всё что ни лень именуется методологией и… огромное множество аналогичных нелепостей можно вычитать сегодня в текстах горе-писателей.

Что же делать?.. Во всех перечисленных случаях «рецепт борьбы с негативом» в области академического письма весьма прост и даже, возможно, тривиален. Он выражается формулой: «знаю, чего не надо делать, и *стараюсь* не делать этого», не употребляю не относящихся к сути дела терминов, не увлекаюсь иностранщиной, формулирую мысли коротко и внятно, несмотря на желание солидно выглядеть в научном сообществе, демонстрировать свою эрудицию и т. д. Гораздо сложнее обстоит дело с многозначными терминами, настолько прочно укоренившимися в педагогическом словоупотреблении, что точный смысл многих из них оказался просто забытым. Они стали расхожими штампами, ни к чему не обязывающими клише, и ракурсное, сюжетное их значение во многих случаях даже не пытаются разгадать читатели. К таким, в частности, относятся *суффиксно образованные* педагогические понятия: личность – личностно-ориентированный подход; проблема – проблемное обучение; кластер – кластерное обучение; корпорация – корпоративный университет; деятельность – деятельностный подход; компетентность – компетентностный подход; развитие – развивающее обучение и ряд аналогичных.

Трудность заключается в том, что если, например, в отечественной педагогике *развивающее обучение* имеет две версии (школа В.В. Давыдова, ориентирующаяся на доминирование в процессе обучения теоретического содержательного обобщения, и школа Л.В. Занкова, предполагавшая раннее обучение школьников на высоком уровне трудности), то уже *проблемное обучение* –около десятка таких версий (В. Оконь, А.М. Матюшкин, Т.В. Кудрявцев, И.Я. Лернер, М.Н. Скаткин, М.И. Махмутов, Е.В. Ковалевская и ряд других авторов), а *компетентностный подход* –в десятки раз больше. Аналогичная ситуация с деятельностным подходом. Приведём только несколько примеров.

В «первородном», классическом понимании психолого-педагогический деятельностный подход восходит к научной школе П.Я. Гальперина и ряда его последователей (например, Н.Ф. Талызиной). В этом научномсообществе была разработана для учеников начальной школы, как сказали бы теперь, технология, предполагающая предъявление обучающимся «скрипта» – ориентировочной основы действия. После такого предъявленияследует ряд этапов, закрепляющих первоначально сформированное умение, операцию и т. п. (подробно об этом рассказано в многочисленных источниках). Сегодня сторонниками деятельностного подхода называют себя многие научно-практические школы. При этом одни авторы предполагают реализацию такого подхода путём разбиения тех умений, которым необходимо кого-либо обучить, на ряд последовательно осуществляемых мини-шагов. Над каждым из них следует работать отдельно, а затем агрегировать всёдостигнутое на отдельных этапах в единую цепочку. Другие авторы предполагают совершенно иную ориентировочную основу действия – гораздо более обобщённую, которая, будучи сформированной у обучающегося, проявится (как в ряде частных случаев общая закономерность) при решении конкретных задач в различных учебных дисциплинах. Наконец, известны такие исследователи, которые деятельностным подходом называют любую обучающую методику, технологию и т. п., в которой хоть в какой-то (пусть самой малой, незначительной) мере проявляется самостоятельная деятельность обучающихся.

Аналогичная ситуация произошла и с появившимся в начале 90-х гг. XX в. термином «контекстное обучение». Первоначально он был определён А. А. Вербицким как тип обучения, в котором моделируются в процессе профессионального обучения ситуации, аналоги которых возникнут в реальной профессиональной деятельности будущего выпускника вуза.Сегодня в расширительных интерпретациях многих авторов педагогических текстов и исследователей этот тип обучения потерял свою специфичность, «индивидуальную окраску» и, согласно их трактовкам, почти любое вузовское обучение можно назвать контекстным.

Смысловая корректность и смысловая насыщенность. Из всего сказанного должно стать понятным, какие проблемы возникают в рамках академического письма в связи с отмеченной выше широко проявляющейся полифонией смыслов терминов, категорий и основных понятий педагогики. Потому мы и заявляем в качестве ключевых слов *смысловую корректность*, понимая под этим максимально возможную для гуманитарного знания точность выражения авторской мысли, объяснение читателю того, что имеется в виду, когда используется какой-либо из перечисленных выше терминов (или им подобных). Например: *развивающее обучение (по В.В. Давыдову)*, или развёрнутое, предполагающее смысловой комментарий, например, такой: *«используя термин «деятельностный подход», мы прежде всего делаем акцент на включении обучающихся в… (такой-то вид деятельности)»*, или: *«говоря о проблемном обучении, мы добавляем в описанную в статьях И.Я. Лернера структуру познавательной деятельности студентов… (такой-то элемент, недостаточно полно проявленный цитирующим автором)»*.

К смысловой корректности вплотную примыкает декларированная в списке ключевых слов *смысловая насыщенность* текста, предполагающая удерживающий внимание читателя достаточно «сжатый» (компрессированный) стиль изложения, ёмко и концентрированно выражающий суть излагаемого, а если и допускающий вынужденные отвлечения в сторону, то в качестве «компенсации» периодически предлагающий читателю резюмирующие фрагменты, в которых stanspedeinuno (стоя на одной ноге – лат.) излагается суть описанного в каком-либо предшествующем отрывке текста. Например: *итак, вопреки… (какому-либо устоявшемуся мнению, утверждению) мы полагаем… (суть авторской позиции) и представляем это схематично такой цепочкой… Смысловая насыщенность* содержания педагогического текста предполагает также проявление автором продукта смысловых, сущностных уточнений различных фрагментов описания исследуемого в работе феномена или процесса, к числу которых относятся примерно такие стилистические клише:

– несмотря на существенные различия между… (такими-то педагогическими понятиями, особенностями протекания педагогических явлений), проявляется и определённая степень сходства, которую нельзя игнорировать… (далее идёт расшифровка сказанного);

– многие авторы, исследователи и практики образования считают абсолютно одинаковыми, можно сказать, тождественными… (такие-то конструкты), однако внимательный анализ выявляет и некоторое различие… выражающееся… (в том-то);

– традиционно считается, что тезис «урок – основная форма учебно-воспитательного процесса в школе» принадлежит известному педагогу прошлого Я.А. Коменскому, однако это не более чем миф, расхожее заблуждение – данный тезис является «порождением» одного из постановлений ЦК ВКП(б) от 1932 г.

Резюмируя текстологическую рефлексию, отметим такое клише, как «текст отвергаемый». Фальсификация текста может происходить на основе несоответствия действительности приводимых в тексте фактов или на несостоятельности логических форм авторского рассуждения, а также на нечитаемом наукообразии авторского продукта. Также будет вполне понятным клише «*текст, отложенный для последующего к нему возвращения, дополнительного додумывания*» и «*текст, востребуемый непосредственно после прочтения»*. Первое обусловливается интересным, нестандартным описанием в книге или статье некоего фрагмента педагогической действительности, не ясного с первого предъявления.Второе – описанным в читаемом материале тем или иным результатом, готовым к практическому применению или к использованию в качестве референтной ссылки, понятной и ясной самому читателю и педагогическому сообществу, или в качестве грамотного аналога исследовательской деятельности на поле педагогики.

Конкретика работы исследователя с текстом. В процессе работы с текстом книги, статьи, монографии реципиент подчёркивает заинтересовавшие его места, снабжает их своими знаками – для последующего использования. Иногда происходит создание вторичного текста – результата критического осмысления текста первичного, содержащего:

- компрессивные записи заинтересовавших читателя фрагментов, написанных излишне «длинно», витиевато, развёрнуто;
- смыслорасширяющие записи, включающие подробное раскрытие фрагментов, недостаточно понятно представленных самим читаемым автором;
- схематичное представление логики текста читаемого автора – знаками и символами (кругами, квадратами, стрелками и т. п.), хорошо понятными читателю;
- запись вопросов, мысленно задаваемых читателем автору востребуемого текста и связанных с содержанием текста, выражающих сомнения читателей в содержании, ему предъявленном.Здесь важно обращение читателя к ссылкам, отражённым в списке литературы к читаемой книге или статье, соотнесение содержания, отражённого в ссылках, и того, как оно транслировано в читаемый текст;
- запись вопросов автору читаемого текста, ориентированных на логику выражения авторской мысли (откуда следует та или иная мысль, как она связана с предшествующим ей содержанием, достаточно ли корректно проявлена причинно-следственная, условная, индуктивная, дедуктивная, сопоставительно-сравнительная и др. связь, корректна ли использованная аналогия, экстраполяция, каких звеньев в логической цепи не хватает, можно ли их восстановить за автора читаемого произведения);

- параллельный анализ нескольких текстов аналогичной тематики и нескольких текстов изучаемого автора; использование базы elibrary для открытия цитат работ изучаемого автора, обследование их на предмет точности понимания смысла первичного текста, фрагментов, оцениваемых позитивно, а также критикуемых;
- депонирование прочитанного текста – в качестве источника для будущих ссылок позитивного или критического содержания, в качестве образца «как писать надо» или в качестве контробразца «как писать никогда не надо».

Обсудим из всего вышеперечисленного *параллельный анализ текстов* и приведём пример по поводу различных текстовых определений базовых конструктов педагогики – уже обсуждённых выше связанных с понятием педагогической технологии. Напомним, что В.П. Беспалько в своих текстах определяет технологию как систематичное и последовательное воплощение на практике заранее спроектированного учебно-воспитательного процесса; Д.В. Чернилевский и О.К. Филатов под технологией понимают системный комплекс психолого-педагогических процедур, включающих специальный подбор и компоновку дидактических форм, методов, способов, приёмов и условий, необходимых для процесса обучения; М. М. Левина технологией называет упорядоченную деятельность педагога, предусматривающую ответные действия учащихся. Особо в этом ряду стоит определение технологии Н.Е. Щурковой – автор считает технологией прикладную педагогическую дисциплину, обеспечивающую реальное взаимодействие педагога с детьми как решающий фактор взаимодействия детей с окружающим миром, посредством тонкого психологически бережного «прикосновения к личности», искусством которого владеет педагог. В.А. Сластёнин предлагает такое определение технологии: законосообразная педагогическая деятельность, реализующая научно обоснованный проект дидактического процесса и обладающая более высокой степенью эффективности, надёжности и гарантированности результатов, чем при традиционных методиках обучения. М.В. Кларин отмечает, что сильной стороной педагогической технологии является конструирование такого учебного процесса, при котором чётко фиксируются цели обучения, на которые ориентируется учебный процесс, а также программа действий педагога по их достижению, включающая как «движение» к запланированному результату, так и его осмысление и коррекцию [24].

Выявивший такое полифоничное на первый взгляд представление педагогической технологии автор-исследователь в качестве одной из возможных процедур осуществляет анализ степени сходства компонентов различных определений и последующий их синтез, соединяющий выявленные сходные компоненты с добавлением того, что в них не отражено. Таким синтетическим актом может стать выявление во всех определениях детального, этапного представления деятельности обучающего и обучаемых. При этом все этапы чётко обозначены, логически и содержательно взаимосвязаны и направлены на достижение заранее определённого образовательного результата.

Отмеченные выше процедуры анализа текста предполагают в качестве одного из возможных результатов создание исследователем вторичного текста, конспектирующего изученное содержание авторским удобным читателю способом (обычный текст, схема и т. п.), «перетягивающего» содержание и логику текста первичного (анализируемого), формулирующего перспективные направления дальнейшего собственного исследования.

Рассмотренный полиаспектный анализ педагогического текста естественным образом трансформируется в рассмотрение проблемы *текста понимаемого*.

2.3. Педагогический текст *понимаемый* как основа для диалога читателя с автором

Общенаучный пласт проблемы. Этот аспект педагогического исследования представляет собой его «тонкий пласт», с одной стороны, и то, что должно в этом исследовании обязательно присутствовать, если оно претендует на статус современной отрасли социогуманитарного знания – с другой. Категория рационального смысла, восходящая к выявлению сущности знания, тех его аспектов, свойств и отношений зависимости, которые скрыты от исследователя при первом, поверхностном «контакте» со знанием, уже была обсуждена в предшествующем изложении, – в этом параграфе мы уделим главное внимание категории *понимание*.

В нашем рассмотрении мы будем исходить из того, что «*понимание* есть духовная сторона любой человеческой деятельности, бытия человека-в-мире, в котором переживается и осмысливается его меняющаяся и непреходящая уникальность» – так рассматривает интересующую нас категорию в своих работах философ Е.К. Бы-стрицкий [13]. В этом определении мы подчёркиваем фундаментальное значение категории понимания как отражения и постижения особенного и индивидуального в процессе педагогического поиска, с одной стороны, и в тех результатах, которые этот поиск собирается транслировать в педагогический социум – с другой.

Раскрывая этот не очень понятный с первого предъявления тезис, отметим прежде всего, что внимание к феномену *понимания*, его природе, роли и значению в научно-познавательной деятельности является одной из характерных особенностей современного этапа философского и методологического исследования науки. При этом если, например, *рефлексия* – понятие, тесно связанное с категорией понимания, – принадлежит к числу классических категорий философской методологии и речь может идти о детализации отдельных её составляющих, то категория *понимание* только начинает по-настоящему входить в методологический обиход.

Далее сделаем отсыл к естественнонаучному знанию: в первом приближении, открывая нечто новое в окружающей природной действительности, учёный стремится «вписать» открытое в существующую систему мировоззренческих координат, «картину мира», осмыслить результат с точки зрения общих «правил» (подвести «частное под общее»), категоризовать его в существующей системе понятий, – говоря проще, *объяснить* его. (Конечно, приведённые рассуждения обращены к читателю, как правило, не владеющему естественными науками и их методологией, и потому несколько упрощены и схематизированы. Всё написанное не включает открытия, приводящие к смене парадигмы науки, но такие открытия нам сейчас не очень важны, а процедура естественнонаучного *объяснения* просвечена если и с погрешностью, то не слишком искажающей реальность.)

Иная ситуация в гуманитарном знании – в нём, по выражению В.С. Швырёва [13], с самого начала нет иллюзии «прозрачности», его объекты в отличие от природных требуют гораздо большей степени «расшифровки», «раскодирования». Иными словами, они не дают исследователю возможности заранее наложить на исследуемый объект определённую сетку познавательных норм, которой он располагает в рамках рационально-понятийной картины мира. Это, в частности, означает, что дистанция между объяснением и пониманием в естественных науках гораздо меньше, чем в социогуманитарных. Кроме того, философы, анализирующие данную проблему, отмечают, что *понимание* в гуманитарной области знания предполагает учёт внутреннего полифоничного взаимодействия различных традиций, исследовательских программ смыслообразования. Потому эта проблема выводит её исследователей на комплексный, междисциплинарный характер работы, учёт историко-научных, социопсихологических, культурологических, философско-мировоззренческих аспектов.

Педагогический контекст понимания. Перейдём теперь к педагогическим аспектам проблемы понимания и начнём с традиционного ракурса, относящегося, например, к анализу педагогических текстов. Если имеется некоторый авторский текст, то очевидно, что автор вложил в него индивидуально воспринимаемое содержание, транслированное читателю, смысл, собственные эмоции и переживания. Понять текст означает вскрыть тот содержательный ракурс излагаемой информации, которого придерживался автор, вскрыть неявно выраженные им смыслы, интериоризовать их и в некоторой степени пережить вместе с автором то эмоциональное состояние, которое переживал он сам в момент написания текста. Таково значение категории *понимание* в герменевтике, таково это значение в традиционной методологии науки.

Следующий уровень понимания связан с *интерпретацией* содержания педагогических текстов – логическое определение выделенного курсивом феномена раскрывает его как приписывание значений исходным символам. Сложность задачи интерпретации связана с тем, что утверждает Л. Витгенштейн: «Язык переодевает мысли, и притом так, что по внешней форме этой одежды нельзя заключить о форме переодетой мысли» [13]. Потому читающий педагогический текст исследователь, как правило, *переводит* высказанное автором на доступный ему язык, пересказывает своими словами написанное, не только «вскрывая» авторские смыслы, но и наполняя написанное смыслами новыми, такими, о которых, быть может, не догадывался и сам автор текста. Умение вскрыть эти смыслы, пересказать их своими словами, продуцировать смыслы новые (смыслы читателя) – это свидетельствует о понимании текста реципиентом. Подробно процесс анализа педагогического текста был обсуждён в предыдущих параграфах книги, – сейчас мы постараемся вывести проблему понимания в педагогическом исследовании за рамки текстов: мы обсудим *понимание* задействованного знания и методов его получения.

Для этого, по нашему мнению, подходит определение понимания, данное Н.С. Автономовой: «понимание предстаёт как фундаментальная разумная функция *схватывания в формах единства, связности и целостности* фактов, фрагментов, выполненных в любом материале, посредством которого оперирует человеческое сознание на различных его уровнях» [13]. Продолжая цитирование, сфокусируем мысль на таком тезисе: «Построение целостностей или, иначе, понимание, никогда не происходит само собой, автоматически, на основе суммирования наличного материала, но всегда требует отрыва от налично данного, игры фантазии, интуиции, воображения… И это очень важно; не понимание – часть интуиции, как полагают некоторые исследователи, а напротив, интуиция – часть, а точнее, инструмент понимания» [13, с. 78].

Это определение представляет пониманиекак синтетическую интеллектуальную деятельность высокого уровня, и применительно к педагогическому исследованию полноценная реализация *функции понимания* означает:

- проявление автором не только смыслов и целевых назначений исследовательской программы, но и той связующей канвы, которая опосредует выбранную исследователем последовательность осуществления поискового замысла;
- осознание автором (или авторским коллективом) того, какие философские и психологические основания имеются у той теоретической идеи, методики или технологии, которую предлагают участники диалога социуму, есть ли среди них какая-то одна «моноконцепция» или это синтез нескольких известных продуктов философского или психологического ракурса;
- в предыдущий пункт необходимо добавить осознание авторами того или иного педагогического креатива не только генеза, но и исторической эволюции обсуждаемой предпосылочной фундаментальной идеи. Это осознание того,

как она модифицировалась на различных исторических этапах (очень показательна в этом смысле идея дифференциации обучения, которая то углублялась, то отвергалась социумом, то возникала вновь в существенно изменённых по сравнению с предшествующими периодами формах), что конкретно представляла из себя на этапе ближайшем к моменту авторской разработки;

– осознание автором педагогического проекта того, как конкретно вписывается та или иная авторская «частность» (идея, методика, подход, технология) в общий контекст образовательного пространства, какие приращения в интеллектуальной, эмоциональной и волевой сферах личности участников образовательного процесса сможет обусловить её внедрение, какие общезначимые качества личности могут быть в «сфере охвата» продукта авторского поиска, предполагается ли не «сиюминутный», а отсроченный и сохраняющийся педагогический эффект;

– в завершающем пункте приводимой расшифровки отметим, что «частью» обсуждаемого в данном параграфе *понимания* является авторская *эмпатия,* предполагающая анализ и осознание автором-поисковиком того, как новая идея и обрамляющие её педагогические акции будут восприняты теми обучающимися, которым они предназначены, какие мотивационные «струны» они заденут, какой отклик может возникнуть на предложение участвовать во внедрении и апробации предлагаемого (здесь присутствуют и рациональные компоненты, и воспоминания автора о себе в прошлом, и интуиция, и жизненный опыт), какое влияние на ожидаемый результат может оказать та степень принятия микросоциумом предлагаемых исследователем идей, которая имеется в наличии или предполагается.

Необходимость всего этого вытекает из того почти очевидного на сегодня обстоятельства, которое обозначается тезисом: обучаемый (ребёнок, школьник, студент) не просто «уменьшенный» обучающий преподаватель. Духовный мир обучаемого не тождествен духовному миру обучающего – он отличается качественным своеобразием, «устроен» иначе и зачастую центрирован вокруг иных (нежели у педагогов) вещей, представлений и переживаний. Этот мир с иной логикой, ценностями и идеалами. Потому исследовательская программа должна предполагать те «погрешности» в процессе своей реализации, которые могут возникнуть по причине недостаточного мотивационного потенциала у участников образовательного процесса, непонимания ими смысла и значимости целей, достигаемых разработчиком. Это означает, что наряду с представленными и подробно раскрытыми в самом начале пособия «рациональными» ракурсами (когнитивный, логический, психологический, праксиологический и др.) поисково-исследовательская деятельность в педагогике может и должна быть рассмотрена и в *интуитивно-эмпатийном* ракурсе, кратко только что раскрытом.

Знание о незнании. Раскрывая науковедческий феномен *«педагог-исследователь понимающий»*, нельзя не отметить и то, что именно рефлексивный, связанный с *пониманием* педагогической действительности аспект наряду со знанием о знании (понимаю то, что знаю) позволяет исследователю сформировать у себя *и знание о незнании* – это второе не менее важно, чем только что помещённое в скобки первое. Это важно потому, что явно просвечивает «белые пятна» педагогического знания и причины их существования: незнание тех или иных психологических механизмов, без которых педагогика в том или ином конкретном направлении двигаться не в состоянии; нечёткость и расплывчатость философских оснований того или иного социального феномена или психологических концепций, его описывающих; неготовность учёного социума к полноценному исследованию какой-либо проблемы, инерция и стереотипы научно-педагогического мышления и т. п.

Обсуждая заявленную в заглавии параграфа проблему, нельзя хотя бы кратко не сказать о *временн__о__м* её формате – прежде всего имеется в виду уровень понимания того или иного педагогического концепта, уровень раскрытия исследователем сути изучаемого феномена или процесса. (В цитированной выше философской работе [13] один из авторов использует для обозначения этого процесса *стадийное* представление и *метафорически* проявляет его суть в образе матрёшек, находящихся одна внутри другой, – последовательное вскрытие игрушки позволяет найти всё более малую по размерам матрёшку, что символизирует открытие всё более тонкого, не лежащего на поверхности пласта исследуемого феномена). Временной формат в связи с категорией «понимание» означает, что в большинстве случаев «движение вглубь темы», приводящее к пониманию высокого уровня, никогда не происходит быстро – это сопровождается долговременным размышлением над проблемой, сопоставлением множества точек зрения, найденных в различных источниках (книги, монографии, полемические статьи и очерки, выступления на конференциях и т. п.). Они порой не совпадают или вообще полярны, иногда доводят участника диалога до состояния когнитивного диссонанса и ощущения полного противоречия или непонимания, но рано или поздно «озаряют» раздумывающего инсайтами, неожиданными «проблесками» и открытиями.

Приведём пример. Для придания всему сказанному выше большей степени конкретики вновь вернёмся к проблеме анализа педагогических текстов и представим фрагмент одной педагогической работы. Затем мы сопроводим его рефлексивным анализом, проявляющим высокую степень понимания реципиентом смысла написанного и возможности «смыслового расширения» представленного содержания.

Фрагмент педагогического текста.

Та часть окружающего мира, которая через органы чувств соприкасается с нашим сознанием, воспринимается, запоминается, осмысливается и есть образовательное пространство. Это пространство осознаваемого, меняющее наш внутренний образ.

Понятие образовательного пространства тесно связано с целостностью представлений субъектов образования об окружающем мире. Целостность этих представлений может быть коротко выражена формулой: «индивид – личность – человек», или «био – социо – дух»... В разные исторические периоды выделялась особая значимость в образовательном пространстве той или иной из представленных выше сфер. Я.А. Коменский всемерно подчёркивал значимость природы; в более поздние периоды подчёркивалась значимость социальной сферы...

Целостность образовательного пространства, его трёхсферность, была замечена ещё в глубокой древности, а наши современники эту идею формулируют так: «...сочетание в человеке свойства субъекта труда, общения и познания определяют организацию человека в целом как субъекта деятельности и личности» (Б.Г. Ананьев) (текст частично заимствован из книги М.Т. Громковой «Педагогика и психология высшего образования» [10, с. 230]).

Приведём теперь фрагмент рефлексивного анализа этого текста, проявляющего у анализирующего его реципиента обсуждаемую в данном параграфе категорию *понимание:*

Автор определяет термин «образовательное пространство» в широком смысле слова – как пространства, в котором происходит образовательный процесс; который может быть как формальным, так и информальным, как вполне осознаваемом в данном качестве субъектом, так и происходящим на подсознательном уровне, когда субъект усваивает знания, не ассоциируя этот процесс с категорией обучения. Такой перманентный образовательный процесс включает осознание индивидом себя как части природы (био), как части общества (социо), как субъекта познания материальных и нематериальных отношений зависимости природных и социальных объектов, явлений и процессов (дух).

Справедливо делается акцент на различную значимость выделенных компонентов обсуждаемой триады в разные исторические этапы. Педагогической проекцией взглядов Коменского является то, что сегодня именуется принципом природосообразности обучения, а смыслом идей Ананьева является целесообразное стремление к целостности (холистичности) образовательного процесса, при котором человек осознаёт себя в трёхсубъектном качестве (субъект познания, общения и труда).

Расширяя пространство анализируемого текста, можно прийти к пониманию образовательного пространства как некоей сферы, внутри которой и происходит образовательный процесс. При этом образовательное пространство может как сужаться, так и расширяться – в зависимости от размещённых в нём субъективных ценностей. Это та особая часть окружающего мира, с которой в данный момент взаимодействует индивид. Как носитель био, он взаимодействует с тем или иным сегментом природы, как носитель социо– с сегментом общества, как носитель духа – с миром знаний и обрамляющих их ценностей и смыслов.

Из представленного в тексте можно вывести и смысл самого клише «содержание образования»: производное от слова держать, оно означает то, что из триады «био – социо – дух» остаётся (удерживается) в сознании индивида обучающегося: некая сумма фактов, закономерностей и отношений связи и зависимости между ними, а также опыта творческой, ценностно ориентированной и преобразовательной деятельности. Это примерно то, что включается сегодня дидактами в термин «содержание образования» (текст частично заимствован из работы М.Т. Громковой «Педагогика и психология высшего образования»[11]).

Мы надеемся, что налицо все обсуждённые выше процедуры, переводящие информацию из анализируемого текста на уровень понимания: выявление скрытых смыслов посредством расширения смыслового поля, попытки расширенной переформулировки содержания текста с интерпретационным углублением в непроявленные связи и отношения зависимости, смысловой «выход» за пределы пространства текста и ряд других.

Понимание читателем логики представления текстового материала. Возвращаясь к описанной выше трактовке *понимания* текста, предложенной Н. С. Автономовой (целое через связь между частями и понимание частей через целое), мы хотим детализировать такой *аспект педагогического текста понимаемого*, как осознание реципиентом логики следования фрагментов читаемого текста, осознание их связности. Это проявляется, например, способностью реципиента после прочтения текста составить логическую схему прочитанного, добавив её там, где логику недостаточно проявил в тексте сам автор. Раскрывая это, укажем на необходимость типизации элементов педагогического знания, отражаемого в текстах. Она включает: знание-описание, знание-размышление (содержательный анализ предшествующего описания), знание-рассуждение, знание-инструкцию.

Первые два компонента не просвечиваются с точки зрения рефлексии логической и остаются на уровне содержательного анализа, рефлексия логики начинается со знания-рассуждения. При этом педагогический *текст понимаемый*, в частности, проявляет читателю, почему осуществлена та или иная аналогия, например, перенесения идей педагогического подхода из зарубежной образовательной реальности в отечественную. Главным образом, на основе указания на сходство (степень сходства) условий, – тех, из которых педагогический подход переносится, и тех, в которые он направляется автором. Аналогичное авторское обоснование в тексте *понимаемом* целесообразно и в том случае, если осуществляется экстраполяция или прогноз.Например, на каком основании тенденция повышения качества математического образования в том или ином сегменте (вуз, колледж, школа) будет сохраняться в обозримом будущем, какие конкретно факты и факторы в настоящем дают ту или иную степень уверенности в позитиве.

Педагогический текст *понимаемый* должен просветить читателю и то, на каком основании осуществлено индуктивное обобщение, например, почему результаты освоения студентами того или иного фрагмента знания, проявленные на выборке участников эксперимента, могут быть с какой-то вероятностью распространены на генеральную совокупность. Такой *понимаемый* текст должен просветить читателю и использованный им аргумент к авторитету. Например, читатель должен понять, почему в современной образовательной среде актуально то или иное высказывание представителя эпохи предшествующей, насколько буквально его следует понимать, какова степень условности смысла цитирования. Например, цитируя высказывание О. Конта о том, что человек сам программирует своё развитие, автор педагогического текста указывает, что это отнюдь не означает игнорирования необходимости педагогического участия в процессе развития индивида.

И конечно, при отсыле к авторитету важен исторический контекст понимания: просвечивание тех социальных реалий, которые обрамляют мысли и смыслы, высказанные авторитетом.

Логический пласт *понимаемого* читателем педагогического текста целесообразно включает обоснование автором следствий используемых утверждений или умозаключений: например, *требуемое социальным заказом содержательное расширение учебного материала с* <u>*необходимостью предполагает*</u> *дополнительный бюджет учебного времен.Однако заведомо сложного поиска временны́х ресурсов* <u>*можно избежать,*</u> *если сократить время на изучение традиционного материала, компрессировав это традиционное содержание… (такими-то способами).* Особо автору текста следует оговорить со своим читателем те случаи, когда декларируемая причинно-следственная или условная связь между педагогическими феноменами не является однозначной, проявляется с какой-то степенью вероятности или является звеном в более сложной, цепочечной связи.

Резюмируя сказанное, отметим, что на уровне целостного текста должна просвечиваться *авторская логика*: исходные посылки, их интерпретация → степень согласия или несогласия с цитируемыми авторитетами → авторские выводы и рассуждения →

основанные на этих выводах конструктивные рекомендации теоретикам или практикам образования → ограничители области их применимости → неисследованные по ряду причин фрагменты и перспективы их последующего раскрытия.

Некоторые дополнительные критерии текста понимаемого. К сказанному выше по поводу *педагогического текста понимаемого* мы считаем возможным отнести и выявление читателем того, как встраивается тот или иной исследовательский продукт читаемого автора в палитру его предшествующих трудов, какие традиции он продолжает, какие ранее не раскрытые аспекты педагогики высвечивает читаемое сочинение. И особенно интересно: в чём читаемый автор отрицает себя прежнего – это эволюция авторского видения педагогики и своего места в ней.

Суммируя то, что изложено выше по проблеме понимания педагогического текста, мы считаем возможным сказать, что главным критерием *понимания* является конструирование автором текста, направленного на конкретную целевую аудиторию (научных сотрудников в области педагогики или других дисциплин, студентов вузов или колледжей, практических работников образования). Это предполагает вдумчивое отношение автора к тому, насколько когнитивные схемы реципиента позволят ему понять смысл изложенного, осуществить те мыслительные операции, которые для этого требуются, понять авторскую логику и, конечно, полноценно усвоить предлагаемое содержание. А что делать, если целевая аудитория достаточно широка и по всем только что отмеченным показателям проявляет разброс? Думается, что автору необходимо предусмотреть, например, выделение информации, которая предназначена для начинающего читателя, включающей такие пояснения и расшифровки, которые для профессионала попадают в область неявного знания (М. Полани), не требующего пояснений и раскрывающего комментирования. И в своём продукте развести это посредством навигатора: а) для начинающего…; б) для профессионала высокого уровня…и т.п.

Автору педагогического текста с целью доведения продукта до уровня максимально возможного понимания целесообразно также использовать кратные компрессирующие повторы главной мысли текста или значимого его фрагмента. Это можно сделать несколько раз, близкими друг другу стилистическими формами (тождественными по смыслу), там, где уместно, повторить то основное, что он хотел бы донести до читателя.

Одним из известных и часто используемых нами методов «движения» к пониманию является вопрос в тексте, заданный его автором читателю – как правило, он относится к таким фрагментам текста, которые предполагаются автором как трудные для чтения. Далее этот вопрос сопровождается развёрнутым ответом.

Резюмируя изложенное, отметим, что в *тексте понимаемом* желательна максимальная *раскрытость* смыслов автора и одновременно открытость текста конструированию читателем смыслов собственных, но не искажающих авторских. В связи с последним в формате желаемого обозначим предвидение автором возможности неверного истолкования читателем высказанных или скрытых смыслов, их предупреждение, например, такого формата: это утверждение некоторые читатели могут интерпретировать… (так-то), это неверно, поскольку…

Здесь мы позволим себе расшифровать раскрытостьавторских смыслов, указав на использование метафор, якобы для «движения» к пониманию текста читателем. Иногда наблюдается противоположная ситуация: метафорирование требует дополнительной расшифровки, понимание текста затрудняет. Приведём пример. В статье А.А. Полонникова «Семиологический поворот…» в журнале «Высшее образование в России» за 2017 г. [49], есть такое предложение: «*это дискурсивное изменение даст эксперту ключи к топологии анализируемого исследования, создаст возможность его оценки не из экспертной вненаходимости, а посредством заимствования того местоположения, которое выражает себя в экспертируемом высказывании*».

В предложении четыре метафоричных слова: ключи, топология, вненаходимость, местоположение – они употреблены как метафоры. Из четырёх только одно «ключи» позволяет адекватный перевод читателем – это переводится как «возможность»… данная эксперту, чтобы понять (но что?)… и далее совсем другая метафора: «топология». Из «Википедии» находим топологию в трёх значениях: 1) как раздел математики, изучающий непрерывность; 2) система множеств, использующаяся в определении топологического пространства; 3) схема расположения и соединения сетевых устройств. Что выбрать? С трудом добираемся до третьего звучания и переводим: эксперт поймёт то *место,* которое занимает полученный автором результат в *структуре* имеющегося педагогического знания. Только этот перевод позволяет понять то, зачем используется «местоположение» в конце предложения (последняя метафора), а также «вненаходимость» как неориентированность эксперта в тексте.

Комментарии излишни… метафоры помогли в тексте запутаться!

Ещё одним важным моментом в связи с текстом понимаемым является тот, который отражает особенности высказывания автором текста своих критических позиций – эти критические тексты для читателя представляют дополнительные трудности. Прежде всего потому, что читатель критического текста должен максимально точно понять, за что конкретно и в каких интенциях критикует автор кого-либо предшествующего, понять ту степень несогласия, которую автор-критик имеет по отношению к своему предшественнику.

Возьмём для примера фрагмент книги В.В. Краевского «Методология педагогики: новый этап», в котором автор критикует педагогическое сообщество за клише «смена парадигмы», и суть критики сводится к трём доводам, которые читатели должны из текста экстрагировать: 1) за распространёнными утверждениями *о смене парадигмы* стоят представления об образовательной, а не о научной парадигме (имеется в виду, например, часто кочующие из текста в текст клише «на смену знаниевой парадигме приходит личностно-деятельностная»); 2) парад парадигм напоминает то самое множество педагогик и неопедагогик, которые возникли в последние два десятилетия: гуманная педагогика, педагогика доверия, педагогика мира, педагогика нежности, эмбриональная педагогика и масса других; 3) критикуемые авторы поменяли принятое в науке определение парадигмы на своё собственное, но суть осталась – опасение опоздать с употреблением сравнительно свежего учёного слова, ранее в предлагаемом смысле не звучавшего.

Читая критику, реципиент текста, в частности, понимает, что укор предшественникам идёт главным образом за использование ими красиво звучащего термина, перенесённого из одной области в другую. Никакого большего вреда от такого красивого заимствования В.В. Краевским не обнаруживается, и его критика в адрес предшественников вполне *умеренная по существу*, но выраженная излишне жёстко.

Иная ситуация с предлагаемой В.В. Краевским в той же книге [40] критикой А.М. Новикова за положительную интенцию подчеркнуть в определении методологии деятельностный формат, выродившуюся в такое расширение методологии педагогики, которое включило в неё то, что ранее относилось к конкретным методикам, к дидактике и т. п. В.В. Краевский при этом выражает свои мысли так: «с развитием социогуманитарного знания появляются частные теории деятельности, например, педагогическая теория, включающая теорию воспитания, теорию обучения, теорию управления образованием и др. При большом желании можно было бы назвать методологией дидактику, назвав её педагогической теорией деятельности обучения. Но это привело бы к *смешению методологии педагогической науки с теорией практической педагогической деятельности* и обоснованием методов обучения (способов осуществления этой деятельности)» [28]. Осмысливающий текст читатель должен понять, что в этом случае, не в пример первому (выше только что обсуждённому), обвинения в адрес А.М. Новикова гораздо более веские, но выражены эмоционально весьма сдержанно.

И конечно, существует и масса других сюжетов, проявляемых в осмыслении критики в текстах по педагогике, например, выявление критики необоснованной или недостаточно чётко выявленной критикующим автором с точки зрения критикуемого тезиса, преднамеренно замалчивающей ряд моментов очевидных, свидетельствующих в пользу критикуемого, но по каким-то причинам критиканом забытых.

«Внешне» выражаемым критерием *текста понимаемого* является способность читателя пересказать своими словами содержание и логические посылы автора проработанного текста, наполнить этот пересказ собственным видением, формулировкой отношения к прочитанному и вопросов к автору.

На этом первичный пласт *проблемы понимания* в педагогике и педагогическом поиске мы будем считать раскрытым и укажем читателю на то, что она является предметом нашего скрупулёзного дальнейшего исследования.

Исследователь-педагог – личностный текстуальный портрет. Чуть выше критикуя автора статьи в журнале «Высшее образование в России» А.В. Полонникова [49] за провозглашение тезиса отделения автора от текста, мы обратили внимание на его клише «текстуальный портрет личности» и написали, что нам эта проблема интересна. В заключительном разделе этого параграфа мы считаем необходимым кратко её обсудить.

Текстуальный портрет педагога-исследователя включает множество составляющих, которые по смыслу можно было бы объединить тезисом *«текст без авторской подписи, но тем не менее узнаваемый»*. Среди этих составляющих особо интересны особенности авторского описания, рассуждения, способа обоснования и доказательства выдвигаемых утверждений, классифицирования, а также стилистические приёмы, использование метафор, средств экспрессивно-эмоциональной насыщенности, вопросов, задаваемых автором текста себе и читателям с последующими развёрнутыми ответами, особенности рубрикации текста и многое другое, обусловливающее авторскую текстовую неповторимость в положительном смысле, а иногда, в противоположном случае, безликость, отстранённость автора от текста, использование наукообразных стилистических форм, заимствованных из текстов философских, нивелирующее авторский стиль работы.

К оригинальным жанрам педагогического текста относятся многочисленные книги А.М. Новикова, неоднократно цитированные нами выше, сочетающие академичный стиль изложения с публицистическим, ярким, эмоционально насыщенным, метафоричным.При этом метафоры и эпиграфы органично встраиваются в ткань текстовой формы, иллюстрируют конкретику обсуждаемого, привлекают к тексту внимание читателя. К многочисленным цитатам, приведённым выше, мы считаем необходимым добавить своеобразную форму «вкладок» в текст, озаглавленных как «интрига» и помещаемых автором в прямоугольные рамки. В одной из последних книг «Основания педагогики» на с. 51 в подразделе «Воспитание самоотношения» автор под заголовком «интрига» помещает такой текст: *«давайте, уважаемый читатель, проведём эксперимент. Задайте любому школьнику или студенту вопрос: кто ты? Он вам наверняка ответит: Я Иванов Иван Иванович, ученик… класса, студент… вуза, живу по адресу... А теперь задайте тот же вопрос: кто ты?, но поставив ограничение не использовать социальные роли и внешние атрибуты (имя, фамилию, адрес, место учёбы). В 99 % случаев вам в ответ только пожмут плечами»* [39].

Далее идёт академичный разговор о «Я-концепции», о самосознании, самовоспитании и т. п. – и приведённый выше фрагмент «ненаучного» стиля призван привлечь внимание к проблемам, для практики образования актуальным и в педагогической науке исследованным недостаточно. Аналогичные заостряющие обсуждаемые темы фрагменты «интрига» представлены во всём тексте книги.

Специфичный авторский стиль характеризуют и цитированные выше книги В.В. Краевского. Вдобавок к приведённым ранее цитатам добавим многочисленные абзацные выделения (подразделы в каждом из параграфов), яркие, хлёсткие и метафоричные. Например, в книге «Педагогическая теория: Что это такое? Зачем она нужна? Как она делается?» на с. 89 автор в качестве заглавия подраздела использует метафору: *«в педагогику может попасть абсолютно всё, даже мухи и треска в кляре»*. Переходя далее к академичному стилю, автор раскрывает тезис о том, что такое педагогическая действительность, и приводит образные примеры, иллюстрирующие это понятие: *«можно привести весьма наглядный пример. Во время урока в классную комнату залетела муха и приземлилась на учебнике, лежащем на столе учителя. Является ли она частью действительности? Конечно, но только действительности вообще, не специально педагогической. Чтобы она внедрилась в педагогическую действительность, нужно чтобы автор учебника включил рассказ о ней в соответствующий раздел, а учитель... подтвердил излагаемые законы генетики материалами экспериментов в мушками-дрозофилами...»* [29].

Сегодня известны и другие образцы яркого авторского стиля педагогических текстов. Так, нам известно, что готовится к изданию книга профессора факультета педагогического образования МГУ им. Ломоносова А.В. Боровских «Деятельностная педагогика». Обратим внимание на то, как автор начинает книгу, проспецируя свои авторские намерения: *на острове Мадагаскар, в культуре, образованной удивительным сплавом африканской, индийской, арабской, полинезийской, христианской культур, есть замечательная традиция, что, начиная любое серьёзное дело, люди прежде всего приносят друг другу многочисленные и порой изысканно-изощрённые извинения. Это – очень хорошая традиция и она мне нравится... Свобода, которую имеют люди, создаёт неопределённость результата, и человек, который осознаёт эту неопределённость, – прав. Правильно делают на Мадагаскаре – человек должен заранее извиниться за то, что результат может оказаться далёким от того, который ожидается...*

Я приношу свои извинения тем, кто найдёт в тексте вещи, противоречащие их убеждениям и принципам... тем, для кого чтение книги представит трудность... тем, кому предмет обсуждения покажется малоинтересным».

Нестандартный стиль введения проявляет априорное критическое отношение автора к содержанию своей книги, готовность к диалогу с научным социумом и практиками образования. Таким стилем написано и основное содержание книги. Например, обсуждая принцип интерактивности Я.А. Коменского, автор определяет его как принцип взаимодействия учащихся между собой, организации коллективной работы с материалом, организации коллективной учебной деятельности. Вроде бы стандартный учебниковый текст по педагогике. Однако общие представления подкрепляются автором пособия цитатой из трудов известного философа и педагога: и тут не лишне обратиться к Коменскому, почитать его рекомендации на этот счёт. «Кого учитель признаёт более способным, к тому же он прикрепляет для обучения двух -трёх отстающих; тому, у кого хороший характер, он вверяет для наблюдения и управления учеников худшего нрава».

Данная понятная слушателям и читателям пособия конкретика подкрепляется и личным опытом автора книги: *«автор занятия по уравнениям с частными производными проводит по схеме «перевёрнутого урока»... и начинает с того, что вышедшему к доске студенту, у которого не получается решить задачу, предлагает обратиться за помощью к товарищам. А когда на третье-четвёртое занятие вроде бы нечаянно опаздывает на 10 минут, к своему удовольствию обнаруживает, что двое стоят у доски, что-то живо обсуждают из домашнего задания...».*

«Живой», читаемый текст, в котором общие положения подкреплены публицистически поданной понятной конкретикой –

таков всячески поддерживаемый нами индивидуальный авторский стиль педагогических работ, полезных читателю практически любого уровня подготовки.

Обсуждаемый в данном параграфе *текст понимаемый* предполагает специфическое для каждого автора выражение собственного эмоционального отношения к написанному: иронично-критичное к обсуждаемым предшественникам или снисходительно-осуждающее, подкреплённую эмоционально повышенную степень уверенности в собственных выводах и заключениях, желание донести до читателя собственную точку зрения максимально прицельно, так, чтобы в сознании читателя она не искажалась.

И ряд других проявлений автора-педагога как текстовой личности можно обозначить уже сегодня: например, предпочитаемый способ обоснования выдвигаемых утверждений. У В.В. Краевского это может быть выражено как повышенно подробное разворачивание обосновывающего текста, с фиксацией переходов от одного шага к другому, многократное возвращение к обосновываемому тезису, выражаемому различными словами, иногда из-за подробности, метафоричных отсылов читателя к различным сравнениям теряющее в степени понимания читателем. У А.М. Новикова, наоборот, склонность к яркому, краткому, тезисному обоснованию собственного вывода, выделение его жирным шрифтом, иногда заострение внимания читателя на неясных для педагогики моментах – путём образного тезирования мысли на понятном языке, добавления в начало такого текста слова: интрига!

О быстрочтении. Сегодня самых разных по жанру, стилю, манере изложения, наконец, по содержанию и логике его представления педагогических текстов огромное множество: продолжают защищаться диссертации (хотя их число гораздо меньше, чем несколько лет назад), публикуются статьи и книги, и даже по любой относительно узкой проблеме есть такое множество источников, что охватить их нет возможности. Потому к теме понимания текста добавляется проблема, связанная с тем, *как* автору найти педагогический текст, который нужно читать, отсекая тексты неинтересные, неинформативные, *как* в анализируемом тексте найти те фрагменты, которые надо читать внимательно, пропустив безболезненно те, которые подробного анализа не заслуживают. Одним из способов такого быстрочтения является анализ чтения первичного, проявляющего суть и стиль кем-либо написанного: если автор читаемого текста использует стиль наукообразный, сути сказанного не высвечивающий, эмоционального авторского отношения не проявляющий, значит его можно читать бегло, вскользь. Если автор читаемого текста «разговаривает» с читателем «живым словом», вдумывается в произносимое, пытается найти скрытые смыслы в сказанном, приглашает читателя к диалогу, сомневается в однозначности самим собой написанного, то читать такой текст следует.

Одним из способов первичной оценки текста на предмет необходимости дальнейшего подробного прочтения является *выборочное чтение фрагмента текста*. Приведём пример из уже упомянутой книги Ш.М.-Х. Арсалиева «Методология современной этнопедагогики»[15]: позиционируется культурологический подход как методологическая основа этнопедагогического исследования и предлагается расшифровка, включающая в первой части определённую последовательность выбора соответствующей иерархии методов исследования – на уровне выявления цивилизационных, культурных, системных, ценностных факторов, определяющих развитие этнопедагогических процессов и явлений в образовательном пространстве. Также предлагаемая автором расшифровка культурологического подхода включает сравнение национально-культурных особенностей и их преломление в педагогических явлениях и процессах и построение этнопедагогических технологий.

О чём говорит первичный анализ фрагмента текста как случайно выбранного читателем? О том, что предлагаемый автором книги культурологический подход расшифровывается в первой части методами, учитывающими факторы сильно пересекающиеся, с одной стороны, и не проявленные на уровне *основания* типологии – с другой. Культурные факторы в культурологическом подходе дополнены целым рядом других – какой в этом смысл? Само использование термина «фактор» не подкрепляемо его словарной расшифровкой. Тройное расшифровывание культурологического подхода: 1) иерархия методов, 2) сравнение национально-культурных особенностей и их преломление в педагогическом

---

[15] Арсалиев Ш.М-Х. Методология современной этнопедагогики. – М.: Гелиос АРВ, 2013. – 319 с.

поле и 3) педагогические этнотехнологии– также на уровне целостности, грамотно сложенной из нескольких компонентов, не проявляется. Получается рассмотрение очень запутанное, требующее множественных уточнений и дополнений – для референтного использования читателем текста непригодное. Такая степень смешанности и некритичного соединения в целое разных частей, проявленные в случайно выбранном фрагменте авторского текста, дают основание с высокой степенью вероятности считать, что и другие фрагменты текста рассматриваемой книги будут содержать аналогичные несообразности – для чтения она малополезна. Не может автор, проявивший все указанные науковедческие недостатки в одном фрагменте книги, уйти от них в других частях текста. Это маловероятно.

На примере книги только что обсуждавшейся это подтверждается – например, выбравший её для подробного чтения увидит, что в содержании попытка выстроить методологию этнопедагогического исследования как специфическую, хоть как-то отличающуюся от других сегментов педагогики, проваливаются, поскольку акцент рассмотрения сделан автором на особенностях чеченского воспитания (трудовая деятельность с раннего возраста, различные национальные обычаи и др.), к методологии не относящихся, названия книги не подкрепляющих.

В качестве совета начинающим исследователям приведём тот, который предлагает отдавать приоритет чтения первоисточникам, поскольку в педагогике вторичное цитирование очень часто приводит к невольному повторению смыслов автора-«первенца» искажённых, усечённых, а иногда и противоположных тому, что сам автор-первоисточник хотел высказать. Вторичное цитирование без проверки грамотности его осуществления очень опасно.

И конечно, в процессе принятия решения о подробном чтении текста важен персоналистический аспект: что написал автор предполагаемого для чтения продукта ранее, какое впечатление этот ранний текст оставил в сознании читающего исследователя, какие кодировки известного автора существуют в исследовательском социуме.При этом вовсе не обязательно, что не признаваемый учёный будет читаться реже, – быть может, совсем наоборот, – общественное непризнание спровоцирует дополнительный интерес к текстам такого автора.

Хотя надо сказать, что умение выбора текста, заслуживающего читательского внимания, приходит только с опытом чтения – другого быстрого способа решения проблемы, по нашему мнению, нет.

Конструирование педагогического текста, понимаемого читателем. В этом завершающем главу разделе мы хотели бы поделиться с читателем нашими практическими выводами по поводу приёмов академического педагогического письма, адекватно авторскому замыслу воспринимаемого реципиентом. Начнём с того, что у лучших образцов педагогического академического текста есть общая традиция: начинать изложение собственных идей с анализа результатов исследований предшественников, представлять этот анализ как *собственный отклик* на эти результаты, и конечно, на способы их получения. Такой отклик есть своеобразная игра *согласия и несогласия* с исследующими интересующую автора текста проблему современниками и теми, кто её исследовал в обозримом прошлом. Стилистические клише для этой игры можно обозначить примерно следующим образом: «*один из спорных вопросов, возникающих при анализе проблемы содержания обучения, заключается...(в том-то), и с одной стороны, автор X считает, что..., а с другой, автор Y утверждает...Существуют и другие мнения...Подробный анализ палитры взглядов даёт нам основания выдвинуть...*». Или такие формы: «*когда речь заходит о проблемном обучении, большинство авторов соглашаются с тем, что... . Однако, этому согласию приходит конец, когда в вопросе о формах реализации проблемно-ориентированных технологий... Одни авторы говорят, что..., другие, в противоположность первым, утверждают...*».

Напоминая своему читателю о тех идеях, на которые Вы «откликаетесь», вступаете в осмысленный заочный диалог, Вы сумеете добиться того, чтобы Ваш текст был хорошо понимаемым. Продолжая тему конструирования такого текста, обсудим вытянутые в «линейку» за упоминанием мнений предшественников выражения автором согласия и несогласия с ними. Несогласие в педагогическом тексте выражается клише: «*утверждение автора X о том, что..., основано на расхожем заблуждении..., – на самом же деле...*»; «*сосредоточившись на..., автор X упускает из виду...*»; «*автор X, заявляя о подтверждении его выводов... теорией, в последующем изложении критикует эту теорию за...»; «недавние исследования по изучаемой теме показали, что выводы автора Х, основанные на результатах существенно ранних, требуют ...коррекции».* Несогласие с цитируемым автором может быть стилистически выражено вре́менным согласием с критикуемым выводом и последующем логическом или содержательным его опровержением: *автор Х предлагает практически всё обучение сосредоточить на методе проектов, но если согласиться с этим, то ... (это приведёт к тем или иным абсурдным последствиям).* Есть и ряд стилистических клише, позволяющих автору в предлагаемом читателю тексте выразить согласие (несогласие) частичное: *«хотя многое из того, о чём пишет автор Х, мною опровергаемо, один из высказанных тезисов о ... вызывает моё одобрение»; «педагогический вывод в цитированной работе вполне подтверждается образовательной практикой, однако, психологический механизм достижения педагогического позитива остаётся неясным».*

Раскрытие конструирования педагогического текста понимаемого может быть продолжено тезисом-пожеланием автору «предугадывайте возражения» – хороший педагогический текст не должен быть нагромождением «истин в вакууме», в нём должен присутствовать диалог или дискуссия. Выдвижение автором возражений себе самому от потенциальных оппонентов позволяет точнее высветить смысл и суть того, что он хотел бы донести до читателя. Стилистически это выражается примерно так: *«конечно, нашлись бы те, кто с моим выводом не согласится...»; «я сразу хотел бы выдвинуть ряд возражений, которые диктует мне мой внутренний «скептик»:...»; «некоторые из вас могли бы подвергнуть этот вывод сомнению, поскольку...»; «подумаем, могут ли мои обоснования* окончательно расставить все точки над **i**... в вопросе о ...». Из последнего фрагмента очевидно, что на возражения самому себе автор должен представить развёрнутый ответ своим виртуальным оппонентам посредством добавления после четырёх приведённых выше таких клише: «тем не менее...»; «однако...» и им подобных.

Следующим аспектом конструирования педагогического текста понимаемого будут связи между отдельными компонентами текста – их обязательно необходимо проявить автору, не заставляя читателя продираться в логических «дебрях» авторских смыслов, собирать из отдельных частей текст воедино. С точки зрения стилистики здесь важны *соединительные элементы* между частями текста: а) подытоживающие словосочетания «таким образом…», «в результате…»; б) дополняющие фрагменты: «более того…», «а именно…», «вздобавок к ранее сказанному…»; в) примеры и уточнения: «в качестве иллюстрации…», «в конечном счёте…», «говоря более конкретно…»; г) сравнения и противопоставления: «аналогичному тому…», «наоборот…», «как и в предыдущем случае…», «всё-таки…»; д) причинно-следственные и условные связи: «следовательно…», «из этого вытекает…», «если предположить…». Для облегчения читателю в объединении частей текста в целостность целесообразны авторские повторения основных мыслей и выводов – лучше всего различными стилистическими способами; повторения – это ключ к осознанию читателем целостности текста.

Педагогический текст понимаемый, как правило, насыщен не только фрагментами «мне могут возразить…», но и «не поймите меня неправильно…». Они выражаются такими клише: «*из прочитанного может показаться, что я напрочь отвергаю… знаниевый подход, однако, это не так, – элементы такого подхода всегда будут присутствовать в образовании, но степень их распространённости, конечно, по сравнению с прошлыми годами будет ниже*». Это возможно отобразить стилистически и так: «*я не утверждаю категорически, что…, – я лишь акцентирую внимание на…*»; «*чтобы предотвратить искажённое понимание моего тезиса, я отмечу, что…*».

Всё сказанное в этом разделе добавляемо необходимостью ясного, чёткого представления выводов в финале текста, обозначение самим автором области применимости его выводов и предлагаемых педагогических ноу-хау, как можно более конкретное аннотирование научного труда, указания того, какому конкретно читателю он адресуется. На этом проблему конструирования текста педагогического понимаемого будем считать раскрытой, описание нашего взгляда на диалог читателя с автором завершённым.Далее перейдём к обобщающему рассмотрению диалога и текстологической рефлексии в педагогике.

ГЛАВА 3.
«НЕВЗИРАЯ НА КАМНИ И МЕЛИ…», ИЛИ ПЕДАГОГИЧЕСКИЙ ДИАЛОГ КРУПНЫМ ПЛАНОМ

3.1. Научный диалог в педагогике: взгляд глазами методолога, историка, науковеда

Эскизный формат темы. Предыдущее рассмотрение в главах второй и третьей нашей книги позволяет сделать вывод о том, что диалогическая и текстологическая рефлексия глубоко связаны, – например, потому, что насквозь пронизаны анализом корректности логических процедур – и тем, кто педагогический текст читает, и тем, кто участвует в устном диалоге. Два компонента рефлексии связаны и обоюдной ориентированностью на корректное проявление гносеологического контента в педагогике и в педагогическом поиске, включающего категорию научного закона, глоссария основных терминов, научной теории, способов её развития (индуктивного, дедуктивного и абдуктивного), типов обоснований исследователем собственных выводов и умозаключений (теоретическое, эмпирическое, контекстуальное) – это атрибутирует и анализ текстов, и участие учёного в научных диалогах. Эти обстоятельства обусловили наше обращение в завершающей книгу главе к полноценному проявлению *аспекта целостности* двух подробно высвеченных типов рефлексии.

Мы начнём наше синтезирующее рассмотрение с тезиса о том, что диалог есть коммуникативный процесс, при котором участники (педагоги-исследователи) обмениваются выраженными в словах и словосочетаниях педагогического поля смысловыми позициями, собственным видением содержательных основ педагогики и методов добывания педагогического знания, сочетая анализ процесса и результата педагогического поиска; это присуще и диалогу устному, и диалогу исследователя с автором текста и его интерпретаторами. В этом смысле научно-педагогический диалог есть «встреча» различных субъективных «миров», различных сознаний участников, своеобразный вид научной речи, включающей последовательное чередование стимулирующих и ответно-реагирующих реплик, взаимных языковых посланий, – как оценочного, так и информационного характера. В некотором смысле такое понимание есть противопоставление диалога монологу.

Интересно в связи с этим обратиться к выводам немецких логиков П. Лоренцена и К. Лоренца о том, что логико-гносеологически кодированный диалог (в частности, научно-педагогический) удовлетворяет четырём требованиям: а) ходы участников осуществляются по очереди (вопросы и ответы взаимно не перебиваемые); б) диалог, с одной стороны, направлен на некое логическое и содержательное завершение, а с другой – всегда предполагает отсроченное продолжение, возврат к обсуждению тем и вопросов, не получивших финального решения; в) участники диалога пользуются правом налагать на него ограничения, обусловленные кодами логики и регулятивами гносеологии (о которых в книге подробно шла речь); г) диалог существенно зависит от реакции одного участника на когнитивные вызовы и стимулы другого – его сюжет почти никогда не прогнозируем заранее, за исключением самых приблизительных прогнозов общего характера [35]. Всё это подробно проиллюстрировано как в главе второй (устный формат диалога), так и в главе третьей (заочный диалог исследователя с текстом предшественников).

С позиций научного диалога в педагогике может быть рассмотрена и палитра методов педагогического исследования. Например, методы наблюдения и эксперимента в этом случае сопоставляются с диалогом исследователя с наблюдаемой в первом случае и тестируемой и преобразуемой во втором случае педагогической действительностью; метод историко-педагогического сравнения предстаёт как диалог исследователя современного с авторами двух образовательных концепций прошлого времени; метод формализации педагогической действительности – с диалогом использующего его учёного с коллективным выработанным за долгие ранние годы знанием из области логики и гносеологии, сопоставление собственных представлений и методологических ориентиров с логико-гносеологическим кодом; метод мысленного эксперимента – с диалогом учёного-педагога с сегментом образовательного социума, мысленно подвергающимся тем или иным воздействиям со стороны, виртуальным организационно-педагогическим трансформациям.

Научно-исследовательский педагогический диалог *сочетает* живое общение между учёными и практиками педагогики и образования, в процессе которого его участники интеллектуально обогащают друг друга, развивают собственные взгляды и педагогическое мировоззрение (1), с внутренним диалогом, при котором проявляется диалогичность внутренней речи, непосредственно во внешнюю не переходящей (2). В некотором смысле наше представление научно-педагогического диалога можно обозначить как «дальний аналог» школы диалога Культур (В.С. Библер, С.Ю. Курганов, М.М. Бахтин и ряд других мыслителей) – такое понимание позволяет выстроить научное общение как развёртывание мысли вокруг ключевых сюжетов философии науки, гносеологии, философии образования и практической педагогической области, а также вокруг сравнения того, как понимают все ключевые позиции философы и педагоги-мыслители отечественные и западные.

Пропозиционируем далее диалог и рефлексию педагогического текста относительно выделяемых В.М. Полонским типов педагогических исследований [49]. В исследованиях информационных предметом диалога являются содержание и итоговые выводы многочисленных обзоров литературы, например, отражающих степень разработанности той или иной проблемы, исследовательской темы и т.п. – при этом в диалоговый формат выносятся конкретные вклады различных авторов и исследовательских школ, приоритеты в тех или иных открытиях и разработках, степень сходства и различия выводов и исходных позиций, степень устаревания выводов и актуальности неисследованных проблем. Также в данном типе исследований предметом научного диалога является результат анализа баз данных на предмет востребуемости научным и практическим социумом полученных и опубликованных результатов, и задаваемыми исследователями друг другу вопросами являются такие: какова причина пристального внимания социума к одному результату и игнирования другого; как соотносятся выявленная при первичной экспертизе степень значимости результата и степень его отсроченной востребованности, отражённой в количестве цитат (по базе elibrary) и в количестве зафиксированных просмотров читателями.

Диалог в исследованиях концептуальных подробно описан в главах первой и второй нашей книги; диалог в исследованиях квалиметрических посвящается содержательному анализу количественных показателей обследования образовательного социума, валидности количественных методик оценки степени сформированности тех или иных компонентов знаний и умений школьников или студентов, выводам, связанным с соотнесением результатов, полученных при использовании различных оценочных инструментов, наконец, тому, каким образом полученные показатели качества образования должны быть учтены при разработке различных вариантов модификации того или иного образовательного сегмента. Диалог в исследованиях-разработках [49] сопряжён с вопросами о том, какие методы и средства формирования социально и профессионально ценных знаний, умений, компетенций позволяют достигать более значимого эффекта (образовательного результата) за более короткий срок, какие организационно-педагогические условия для этого необходимы. Данный диалог, например, может быть посвящён тому, насколько эффективными могут быть электронно-компьютерные средства обучения, дистанционные технологии, какие когнитивные компоненты личности обучающегося они эффективно формируют, а какие неизбежно «тормозят» их и по каким причинам, какова вытекающая из этого степень разумного сочетания электронно-компьютерных и традиционных средств обучения.

В этой части книги мы считаем необходимым свести в целостность диалог автора-читателя с научным социумом с его диалогом с автором читаемого текста, указав на то, что временной формат в этом случае может быть самым разнообразным. Может случиться так, что прочтение текста статьи или книги становится стимулом для диалога устного, в формате научного доклада или выступления на научной конференции; вполне возможен иной формат, при котором устный диалог становится стимулом обращения к тексту или нескольким; абсолютно реален и цепочечный формат, когда, например, обращение к тексту инициирует последующий устный диалог, который в свою очередь опосредует повторное обращение к первичному тексту с последующим повторным устным диалогом и т.п. Отдельно отметим такую форму «слияния» диалога и рефлексии педагогического текста, как интервью (устное или журнальное) с автором того или иного педагогического произведения.

Далее перейдём к конкретике и раскроем различные обобщённые типы педагогических диалогов, обозначим их специфику.

Диалог педагогики с философией науки. В начале двадцатого столетия в философии науки достаточно явно прослеживается влияние логического эмпиризма (М. Шлик, Э. Мах, Р. Карнап), в основе которого лежало понимание мира как сущности независимой от наблюдателя, его закономерности постигающего, и представление о том, что всякое научное знание целиком опирается на чувственное восприятие объектов и феноменов окружающего мира. В связи с этим взглядом основной функцией научного исследования признавалось описание «чувственных реалий», конкретных чувственных образов-слепков фрагментов окружающего мира, конечно, в «аккомпанементе» с классифицированием и эмпирическим обобщением [36].

В отечественной педагогике это философско-научное направление оставило значимый след – длительное время в научном и практическом социуме преобладало понимание основы педагогического исследования как обобщения «передового» практического опыта, результаты которого оценивались по образовательным результатам обучающихся, оценкам, получаемым ими в процессе различных форм контроля знаний и умений. Это отражало идею оценки научного результата посредством верификации: если разработанная педагогом-новатором авторская обучающая (воспитательная) методика способствует повышению результата ученика или студента, полученного на контрольной работе, выпускном экзамене, вступительном экзамене в вуз и т.п., то, следовательно, она положительно оценивается и рекомендуется к широкому использованию. При этом процесс происходит безотносительно к осознанию автором и экспертами теоретического статуса педагогического «открытия», психологических механизмов достигнутого обучающимися позитива.

Мы возьмём на себя смелость утверждать, что одним из негативных «педагогических следов» логического эмпиризма является трагичная научная судьба отечественной педологии – стремясь построить целостную теорию развития ребёнка, педологи не имели достаточного теоретического резерва для решения такой масштабной задачи, использовали в качестве оценочного инструмента непродуманные тесты («повышенный» верификационизм), допустили эклектичное смешение не соединяемых компонентов в мнимую целостность, что дало основания волевым методом запретить педологические исследования.

Осмысливая ограниченность и неполноту логического эмпиризма, известный философ науки К. Поппер акцентировал внимание на том, что в гуманитарном познании выявление оснований и доказательств предлагаемых научных выводов недостаточно и требуется серьёзно задуматься о способах фальсификации. Это, в частности, означало, что позицию «наука ориентирована на открытие истины» Поппер заменяет на позицию «наука способствует избавлению от иллюзий» [36]. Говоря более конкретно, Поппер основной задачей науки обозначил выдвижение гипотез с их проверкой, в процессе которой вполне возможна фальсификация первоначальной гипотезы или её уточнение, конкретизация, модификация, – педагогика с «лёгкой» руки философа получила ту форму поиска и предъявления своих результатов, которая существует и поныне. Эта форма уже обсуждалась в наших предыдущих статьях в связи с абдуктивной моделью развития науки (Ч. Пирс) – выдвигается одна гипотеза, в процессе теоретической и экспериментальной проверки она частично фальсифицируется, это приводит исследователя к трансформации гипотезы, второй вариант вновь проходит теоретическое или экспериментальное «тестирование», и до определённого (конечно, заранее не заданного) момента такой цикл повторяется.

Здесь на научную арену педагогики выходят как методы обоснования исследователем своих выводов и умозаключений, так и методы опровержения таких выводов, приводящих к ним гипотез и теоретических построений. К упомянутым методам в педагогике стали относиться: эмпирическое, теоретическое и контекстуальное обоснования. При этом обоснование эмпирическое вполне «наследовало» отвергнутым Поппером традициям логического эмпиризма; к обоснованию теоретическому педагоги-науковеды стали относить соответствие вывода ранее известной закономерности (например, чаще всего психологической) или его «вытекаемость» из этой закономерности, или подкрепление методологическое, адресуемое к получению вывода известным и показавшим свою «силу» исследовательским корректно использованным методом. Обоснование контекстуальное исследователи сферы образования стали раскрывать как аргумент к традиции, вере, авторитету, здравому смыслу, и в связи с обсуждаемой «персоной» К. Поппера следует особо отметить встраивание педагогики в осознание истории своего развития в методологическом зеркале. В середине XX века характерной чертой педагогического знания становится резкое увеличение числа работ по истории педагогики, конечно, содержательно весьма ограниченных рамками советской идеологической нормы.

Возвращаясь в гносеологический сегмент, отметим, что идеи фальсификационизма Поппера так или иначе способствовали постепенному отходу педагогики от ложного осознания своей непогрешимости, осознанию контента используемых научных методов и стратегий исследовательской деятельности, например, такого, которое оказалось в состоянии привести научное педагогическое сообщество к пониманию того, что используемая аналогия (например, между идеями, лежащими в основе функционирования системы образования на Западе и отечественными, или между подходами, некогда существовавшими и исторически зафиксированными, и новыми, в какой-то степени востребующими идеи предшествующих периодов) может оказаться поспешной, непродуктивной, не имеющей достаточного основания для того чтобы быть применённой. Как и к пониманию того, что вполне возможно фальсифицирование, ограничение с точки зрения методологической подкреплённости результатов часто используемых в педагогическом познании неполной индукции, экстраполяции, обобщения – по части обоснованности переноса выявленной на ограниченной выборке из обучающегося сообщества закономерности на всё обучающееся сообщество и ряд других аналогичных ограничений [25]. Это, безусловно, способствовало постепенному приведению науки слабой методологической версии к состоянию соответствия современной теоретико-гносеологической норме, и потому в целом мы считаем возможным оценить методологическое влияние идей К. Поппера на педагогику и педагогическое познание как положительное.

Новый исторический разворот: педагогика в зеркале идей Т. Куна и П. Фейерабенда. Идею историзации педагогического познания К. Поппера эстафету принял известный американский философ науки Т. Кун, выделивший в процессе развития науки стадии «нормальные» и «аномальные» [31]. На первых стадиях в той или иной научной области господствует конкретная парадигма – коллекция исходных научно-теоретических форм, методов и способов доказательства и обоснования результатов, принимаемых большинством научного сообщества. По Куну, на определённом этапе «нормального» функционирования парадигмы обнаруживается некоторое число научных фактов, объяснения которым в рамках конкретной парадигмы не находится, к каким бы нестандартным способам ни прибегали её адепты, – это знаменует смену периода «нормального развития науки» на «аномальный», знаменующий смену, «слом» существовавшей то или иное время парадигмы. Для знакомых с физикой актуальным будет пример, связанный со сменой ряда парадигм физики на рубеже XIX и XX столетий: парадигма ньютоновской механики была сменена парадигмой механики релятивистской (А. Эйнштейн, А. Пуанкаре, Г. Лоренц), а чуть позже классическая парадигма – квантовой (Э. Шрёдингер, Л. де Бройль, В. Гейзенберг); к таким физическим примерам на рубеже столетий можно по праву отнести смену волновой парадигмы электромагнитного излучения на корпускулярно-волновой дуализм.

Методологи и историки педагогики могли бы найти следы куновской «парадигматики» в своих областях знания – к их числу относится изменение стандарта классической педагогической рациональности неклассическим; отчасти сюда же с некоторым приближением относится и смена традиционного знаниевого (знание-центристского) подхода и связываемой с ним ассоциативно-рефлекторной теории учения подходом деятельностным (а позднее личностно-деятельностным). Идея смены парадигмы применительно к педагогике может быть выражена, например, и в том, что преобладающий традиционный чисто качественный подход продуктивно добавляем подходом математическим, количественным – это иллюстрируется, например, тем, что и в процесс обработки результатов педагогического эксперимента, и в процесс описания педагогической реальности постепенно начинают вступать те или иные математические модели. Это, в частности, иллюстрируемо попытками педагогов-исследователей описать процесс планирования учебного содержания тех или иных дисциплин на основе информационного подхода: вводимые понятия, законы и закономерности, их следствия, экспериментальные факты кодировались с точки зрения их информационной ёмкости в битах и байтах. А далее на этой основе попытаться реализовать идею равномерного распределения информационно обсчитанных элементов предлагаемого обучающимся знания по учебным темам, лекциям, практическим занятиям [25]. Гораздо более интенсивно включается математическое моделирование в процесс обработки результатов педагогического эксперимента – авторы педагогических работ начинают кодировать образовательный результат обучающегося количественными параметрами: например, оценивают среднее время, затраченное обучающимся на решение задачи, среднее количество правильно решённых задач за фиксированный интервал времени до начала экспериментального обучения и по его окончании. Иногда педагоги-исследователи пытаются построить корреляционную зависимость, например, зависимость успеваемости студентов от посещаемости, выбирая для оценки посещаемости число посещённых студентом учебных занятий, а для оценки успеваемости среднее число правильно решённых задач в диагностическом задании. В ряде случаев на этапе оценки образовательных результатов студентов исследователями используется трёхуровневое распределение респондентов (относительное число студентов, относимых по результатам решения задач к низкому, среднему, высокому уровням сформированности исследуемого качества или умения) с последующим выявлением значимости различий между контрольными и экспериментальными группами до и после экспериментального обучения – соответствующая статистическая задача известна в математической статистике и широко используется.

Конечно, здесь следует отметить, что смена парадигмы даже в науках сильной гносеологической версии происходит весьма болезненно, – в гносеологически слабой педагогике эта болезненность выражается ещё более ярко. Это иллюстрируемо конструируемыми авторами-педагогами математическими моделями карикатурными: например, в книге [55] автор пытается оценить максимальное число студентов в учебной группе исходя из равенства количества информации, «посланной» лектором студентам и числа контактов между студентами на протяжении учебного занятия. При этом выбор количественных параметров «посылки» информации абсолютно не обоснован, под контактами студентов друг с другом понимается и простое обращение с вопросом, и просьба осмыслить фрагмент учебного материала, и сама идея приравнивания информации от лектора числу взаимообращений страдает бессмысленностью. В процессе построения корреляционных зависимостей многие исследователи допускали некорректные усреднения – среди очень часто встречающихся ошибок такого рода использование среднего балла, рассчитанного по традиционной пятибалльной шкале, абсолютно не просвеченной с точки зрения равномерности (тройка отстоит от четвёрки не настолько, как четвёрка от пятёрки). В ряде случаев модели с использованием математики выстраивались на основе непросвеченных аналогий: например, в книге [55] автор пытается построить модель когнитивного взаимодействия педагога и обучаемых основываясь на аналогии памяти человека с «памятью» радиотехнических цепей с распределёнными параметрами – иначе как карикатурой такую аналогию назвать нельзя. Масса аналогичных примеров подкрепляема сегодня карикатурными попытками встроить педагогику и педагогическое познание в математический формат синергетики – всюду, где только ни идёт речь о самоорганизации, однако, даже без смутного понимания, что такое параметр порядка, энтропия и другие характеристики случайных процессов.

В целом идея смены парадигмы, освящённая именем Т. Куна, как и идеи К. Поппера, оказала позитивное влияние на педагогику, помогая педагогам-исследователям осмыслить то обстоятельство, что на определённых этапах развития педагогики и поиска нового педагогического знания совокупность исследовательских стратегий, поисковых методов, теоретических и методологических норм ***оказывается недостаточной***, требует серьёзной полиаспектной рефлексии – как методологической, так и содержательной. Таков, например, современный этап развития педагогики, на котором перед исследователями во весь рост встаёт проблема осознания возможности выстроить науку об образовании в теоретический формат, с одной стороны, и осознание всех трудностей этого процесса, – с другой. К ним относятся: неизбегаемая зацикленность социогуманитарной педагогической науки на социальном заказе, который сам часто и невразумительно меняется, трудная кодировка исходных теоретических посылов и принципов, слабая просвеченность способов вывода следствий из основных положений, неясная гносеологическая ценность методов аналогии, обобщения, экстраполяции, неполной индукции, а также попыток встраивания в педагогический исследовательский процесс математических моделей. И конечно, к числу обсуждаемых трудностей теоретического выстраивания педагогики относится проблема демаркирования педагогического знания, обусловливающая проблемный формат по поводу синтеза знания педагогического и имманентно аккомпанирующего ему знания психологического: какова целесообразная степень отделения / соединения педагогики и психологии. Разрешение этого «двухстороннего» противоречия даёт исследователям, как минимум, возможность понять: подошёл ли к критической точке процесс «нормального развития» педагогики или необходима куновская смена парадигмы, целесообразна ли такая смена в принципе, или она нереализуема, что оставляет возможность для отнесения педагогики не к области науки, а просто к области знания, соединяющего науку, искусство, практику (Artsand Humanities), но на теоретическую форму не претендующего.

Раскрывая заявленный в заглавии научно-философский и методологический контент педагогики, мы не можем пройти мимо имени П. Фейерабенда, выразившего во второй половине ХХ столетия свою очень неоднозначную и трудную для однозначной интерпретации идею методологического анархизма, которая соединяя принципы пролиферации и несоизмеримости (любая новая научная теория несоизмерима с уже имеющимися, потому не критикуема; наука живёт по принципу «всё дозволено»), утверждает, что нет универсальных норм, понятий, законов, теоретических форм в науке, нет такого принципа, общенаучной идеи, регулятива познания, которые бы не нарушались учёными [57]. Вместе с тем Фейерабенд протестует против возведения авторитетов от науки в статус «жрецов», «оракулов», вседовлеюще навязывающих свои взгляды научному социуму.

С точки зрения соотношения позитива и негатива влияния обсуждаемых научно-философских идей на педагогику и педагогическое познание «наука П. Фейерабенда» оставляет больше вопросов, чем даёт вразумительных ответов. Призывая педагогов-исследователей к выходу за традиционную рамку, штамп в трактовке педагогических феноменов, к рождению креатива – как в осмыслении традиционного контента знания и поиска, так и в обосновании контента инновационного (что безусловно, ценно), – Фейерабенд одновременно невольно провоцирует исследователей на нарушение регулятивов высокого порядка и статуса. В результате под флагом инноватики и «отсталости» рамок методологии в педагогическом поле рождаются гибриды знания научного, религиозного, мифологического, эзотерического, паранормального, далеко уходящие даже от постнеклассических стандартов рациональности, насыщающие исследовательские поле информационным шумом, эклектически соединяющим массу невразумительных сюжетов в мнимую целостность. Сегодня таких псевдонаучных продуктов в педагогике огромное множество.

Концепции Ст. Тулмина и теории истины Ч. Пирса, Дж. Дьюи, А. Пуанкаре, Ле Руа; идеи когерентной истины, спроецированные в педагогику и педагогический поиск. Анализируя концепцию Ст. Тулмина, методолог педагогики М.А. Лукацкий [36] отмечает, что она на теоретическую педагогику существенного влияния не оказала, осталась педагогически индифферентной – с этим утверждением мы категорически не согласны. Оригинальная рационалистическая концепция науки, предложенная Ст. Тулмином, во-первых, актуализирует идею рефлексии научного знания: человек познаёт и окружающий мир, и то, как он это делает, почему приходит к тем или иным результатам; а во-вторых, акцентирует внимание педагогов-исследователей на эволюции педагогических понятий и категорий [36]. В подтверждение нашему несогласию с цитированным автором – исторически зафиксированный процесс возникновения в середине XX столетия отечественной методологии педагогики, предложившей рефлексивный формат педагогического поиска, включивший: философско-педагогическую рефлексию (М.А. Данилов, Б.С. Гершунский, Г.В. Воробьёв, В.И. Гинецинский, М.А. Лукацкий); рефлексию науковедческих основ педагогического поиска (В.В. Краевский, В.И. Журавлёв, А.М. Новиков, Н.В. Бордовская); рефлексию результата педагогического исследования и методов его получения (В.М. Полонский, В.И. Загвязинский, В.Е. Гмурман) и ряд частных аспектов педагогического научного поиска [5;10;14;16; 25]. В подтверждение нашего несогласия с незначительной ролью в педагогике рефлексивно-рационалистической концепции Ст. Тулмина – постепенное складывание методологического контента истории педагогики, формирование глоссария методов историко-педагогического исследования (М.В. Богуславский), а также сравнительно-педагогического (А.Н. Джуринский). Включение в фокус педагогического исследования проблемы обращения исследователя к методологическому статусу самого себя и предшественников способствовало постепенному складыванию в педагогическом социуме понимания того, что педагогическое исследование – не обобщение «передового» опыта, а научный проект, атрибутированный такими компонентами как проблема, гипотеза, метод её теоретического обоснования и экспериментальной проверки, исследовательский результат и аналогичными другими.

Вернёмся к описываемой Тулмином эволюции понятий [36]. Среди соответствующих актуальных тем в контенте методологии педагогики проблема достижения истины в педагогическом познании и её историческая эволюция. Последняя включает цепочку, начинающуюся от истины классической, иногда именуемой корреспондентской, – это понятие включает соответствие мысли о предмете изучения действительности, нечто напоминающее обсуждавшийся в начале статьи логический эмпиризм и его влияние на педагогику. Цепочка эволюционных представлений об истине продолжаема теорией истины прагматической Ч. Пирса, Дж. Дьюи и ряда других авторов – истинными здесь считались представления и знания, позволяющие эффективно действовать в окружающем мире. Педагогика в проекции на эту концепцию истины есть область практической деятельности, жёстко ориентированная на социальный заказ, конечно, прескриптируемая теми или иными научными знаниями. Ещё одним эволюционным звеном в этой цепи является конвенциональная теория истины (П. Дюгем, Ле Руа) – всё связанное с истиной следует понимать в ракурсе договорённости между представителями учёного сообщества; истина такого ракурса всегда исторична, социально детерминирована, и для педагогики это и «больная проблема», с одной стороны, а с другой, – неизбежность. Наконец, когерентная теория истины акцентирует это понятие на согласованности того или иного полученного исследователем результата с ранее известными теоретическими конструкциями, практическими выводами, концептуальными схемами и т.п. В приложении к педагогике и поиску педагогического знания это означает сопряжённость выявленных некоторым исследователем позитивных образовательных результатов обучающихся с пониманием механизмов достижения этого позитива (например, психологических), формулируемых на категориальном педагогическом языке, встраиваемых как некая часть в структуру наличного педагогического знания.

Диалог методологический. В этом подразделе мы постараемся представить эскиз диалога, связанного с заочным обсуждением с авторами работ прошлых лет идей, посвящённых методологии творчества и нахождения их следов в современном образовательном процессе.Педагог-исследователь современный, изучающий проблему творчества в образовании на уровне педагога и в деятельности студента, прибегает к методу анализа текстов и в качестве одного из возможных вступает в заочный диалог с Г.С. Батищевым, пропагандировавшим мысль об актуализации субъекта в предметной деятельности и творчестве, а также акцентировавшим внимание на тезисе о том, что никакого бездеятельностного субъектного бытия нет и быть не может [23]. Осуществляя творческую деятельность, человек таким образом изменяет и самого себя, синтезируя изменение объективной ситуации и самоизменение, -- эта мысль приводит современного педагога, например, к идее обращения к педагогическим источникам позднего советского периода (А.В. Брушлинский, М.И. Махмутов, И.Я. Лернер и др.), авторы которых проецировали идеи Батищева на проблему когнитивного развития школьника и студента посредством включения их в учебную деятельность сродни научному поиску. Выявление степени вытекаемости идей синтеза деятельностного подхода с проблемным обучением из концепции методологии творчества в данном случае мы позиционируем как заочный диалог современного исследователя со множеством предшественников.

Примером историко-методологического диалога может служить и очно-заочный диалог исследователя-современника с историческим прошлым, использующий не только педагогические тексты (книги, энциклопедии, хрестоматии, мемуарные источники), но и свидетельства очевидцев педагогической истории, например, по поводу исторических судеб педагогических инноваций. Итогом такого многостороннего диалога может стать типология «судеб» педагогических открытий, включающая такие сюжеты:

– некая инновация не приживается в образовательном социуме в первоначальном виде и после элиминации возвращается в систему образования в трансформированном формате. Например, метод проектов, возникший в инженерном образовании США на рубеже девятнадцатого и двадцатого столетий и пришедший в отечественное образование в двадцатые годы двадцатого века, исчерпал себя, однако, впоследствии в XXI веке вновь вернулся в отечественное образование в изменённом виде;

– некая инновация исторического прошлого не отвергается полностью, а впоследствии трансформируется, приобретая новое название. Такой пример адресуется к первой половине XX века, когда была внедрена аккордная система, соединяющая ряд учебных дисциплин в некую целостность, которая по ряду причин была «забыта», в конце двадцатого и в начале двадцать первого столетия возвратилась в образовательный социум в виде модульного обучения;

– та или иная авторская методика или психолого-педагогическая идея элиминируются из образования или существенно «теряют в правах» – к таким примерам относятся ассоциативно-рефлекторная теория учения и знаниевый подход, аккомпанированный информационно-сообщающим обучением, ориентированным на закрепление «готовых» знаний и репродуктивную деятельность школьников и студентов. Показавшие свою ограниченность, эти подходы были отодвинуты на второй план, существенно и принципиально дополнены методиками и технологиями проблемно-развивающего обучения, а также множественными вариантами деятельностного подхода;

– инновационная идея достаточно быстро признаётся педагогическим сообществом – к числу подкрепляющих примеров относится идея контекстного обучения, выдвинутая А.А. Вербицким в 90-е годы XX века и внедрённая в вузовское образование.

Приведём теперь ещё один пример *методологического диалога* по вопросу о педагогическом научном факте, представив его в позиционном формате, фиксирующем протокольно вопросы и ответы всех участников.

Участник 1: Что такое научно-предметная реальность, применима ли она в педагогике?? Какова её роль в развитии научного знания?

Участник 2: Анализ философской и науковедческой литературы со всей убедительностью показывает, что сегодня даже в гуманитарной науке слабой гносеологической версии созерцательное, описательное представление отстроенной от исследователя объективной реальности современному состоянию научной методологии не соответствует. Объективная реальность так или иначе в процессе научного анализа трансформируется в предметно-научную реальность, предполагающую конструирование исследователями модельных объектов и процессов, удобных для дальнейшего исследования, получения нового педагогического знания или модификации знания известного, использование специальных процедур – методов научного исследования, применение их к модельным описаниям педагогической реальности и сравнения полученных теоретически результатов с экспериментальными.

Применительно к естественным наукам и психологии эта тема давно обсуждалась. Например, во многих работах ставится вопрос о диалектике натуралистического и социокультурного подхода: первый ориентирован на тезис о том, что мир объектов знания независим от человека как субъекта познания, второй – на то, что мир объектов знания постоянно достраивается самим человеком в процессе познания за счёт представления изучаемого фрагмента объективной реальности средствами конкретной науки. Анализ связи двух подходов (первый отражает идею классической науки, второй – неклассической и частично постнеклассической) детерминирует необходимость противопоставления *объективной реальности* и *предметной реальности науки*. Последний вывод подкрепляется, например, тем, что в последние 30 лет педагоги-исследователи и практики столкнулись с фактом существования альтернативных теоретических схем, взглядов, концепций, предписывающих педагогической действительности разные системы «реальных объектов». Это наглядно свидетельствует о сложной и весьма неоднозначным образом опосредованной связи научного знания с эмпирическим миром педагогического поля. При этом мы согласны с тем, что в любом случае сегодняшнему видению методологии педагогики концепции созерцательного отражения учёным реальности уже не соответствуют, и осуществлённый множественно методологический анализ абсолютно закономерно ставит вопрос о введении в науковедческий арсенал педагогики различий между *реальностью объективной* и *предметной педагогической реальностью*. Такую реальность можно обозначить как достигаемую в процессе научно-педагогического обращения к выбранному для изучения сегменту педагогической действительности, – и данное обращение заключается в научной «обработке» педагогического сегмента с целью придания ему формы, удобной для исследования, целью которого является получение знания нового, ранее неизвестного или модификации уже имеющегося знания недостаточной степени логико-содержательной выстроенности или обобщённости.

Участник 1: Есть ли возможность обойти эту категорию?

Участник 2: Изученная и представленная в философии математики и естествознания, в методологии педагогики эта проблема является относительно новой, однако, весьма «острой»: например, в последние годы непонимание связей между объективной педагогической реальностью и реальностью научно-предметной спровоцировало широкое внедрение в педагогическое академическое письмо таких терминов как «образовательное пространство», «образовательная среда», «образовательный континуум», «образовательное поле» и им подобных, получивших за очень короткое время со дня рождения массу противоречивых толкований, определений, содержательных раскрытий, иногда относящих данные термины к числу метафоричных, а иногда раскрывающих смыслы весьма туманно и неопределённо, посредством ещё менее понятных слов и сочетаний.

Участник 1: Чем всё-таки отличается объективная реальность от предметно-научной?

*Участник 2:*Не претендуя на высказывание *обобщённых* философских выводов по вопросу о соотношении в педагогическом исследовании реальности объективной и предметно-научной, мы затронем лишь ряд *частных аспектов* темы. Попробуем определить, чем различаются объективная реальность и педагогическая предметно-научная. Во-первых, присутствием в последней идеальных (идеализированных) объектов, о которых подробно пойдёт речь ниже. Во-вторых, наполненностью реальности объективной педагогическими событиями, а второй – научно-педагогическими фактами, которые выводят исследователя на формулировку научной проблемы, которая в свою очередь проспецирует формулировку научной гипотезы, опирающейся на вскрытые научные факты, задействует их модельное описание посредством «включения» в протекание модельно представленных педагогических процессов; полученный модельный результат «переносится» посредством практической апробации в педагогическую действительность и диагностированные результаты позволяют выявить степень адекватности предложенного исследователем модельного описания. Наконец, в-третьих, предметно-научная педагогическая реальность неизбежно инкрустирована общеметодологическими регулятивами осуществления научного исследования, вытекающими из них частнонаучными принципами, а также конкретными «правилами» научной деятельности, в частности, правилами исследовательского взаимодействия и научного диалога.

Участник 1: А ещё что-то входит в предметно-научную реальность?

Участник 2: Кроме того, атрибутом предметно-научной реальности является пласт «неявного знания» (М. Полани), включающий массу не относящихся непосредственно к научной методологии сюжетов, играющих роль в научном открытии, в достижении исследователем научного признания, а также множество неосознаваемых на рационально-логическом уровне способов формулировки выводов, нестандартных решений, оказывающихся верными, – нечто похожее на научные озарения, инсайты и т.п. Не подвергая сомнениям авторский анализ М. Полани проблемы для естественнонаучных областей знания [10], отметим, что в науках «слабой гносеологической версии» весь отмеченный контент играет как позитивную, так и негативную роль, позволяя авторам выдавать за научные достижения различные необоснованные домыслы, «гениальные» догадки, «креативные» решения за гранью элементарного здравого смысла. Всё это обусловливает неизбежное обращение педагогической науки к категории *теоретической нормы*. Представим в связи с этим некоторые наши выводы относительно возможности соблюдения теоретической нормы в современном педагогическом знании и методах его получения.

К такой норме мы прежде всего относим возможность позиционировать в таком знании феномен ***педагогический факт***, – главным образом потому, что описание данного феномена в педагогических источниках проявляет сильную полифонию. В современном науковедении особо выделяется проблема соотношения факта и теории. Одной из крайних, экстремальных форм её решения является методологический фактуализм, принимающий за основу независимость научного факта от теории; противоположная концепция, именуемая в науковедении теоретизмом, проповедует органичную, имманентную встроенность фактов в структуру теории.

Участник 1: Пожалуйста, расскажите об этом подробнее.

Участник 2: И одна, и другая точки зрения имеют множество историко-философских подтверждений, однако, обе проявляют непродуктивность подходов, начисто отвергающих те или иные свойства, особенности проявления, качества феноменов и объектов окружающей реальности, а также конструктов описывающего их знания. Фактуализм отодвигает в сторону, необоснованно принижает роль создателя той или иной теории, открывая зелёный свет тому, кто открывает новые факты. При этом остаётся неясной возможность интерпретировать найденные факты теоретически, встроить их в уже существующие теории или гипотезы, равно как и открыть дорогу созданию новых теорий и гипотез, соотнеся их с теми теориями, которые известны к моменту нахождения фактов. Теоретизм, наоборот, перегружает теоретическую насыщенность фактов, жёстко привязывает их к теориям и гипотезам. Не отвергая факты как чувственные представления, сопровождаемые языковым обозначением, «теоретисты» ставят факты в жёсткую зависимость от теорий. Одним из философско-методологических подкреплений этого тезиса является позитивистская концепция Т. Куна, доказывающего в работе «Теория структуры научных революций» детерминируемость фактов научными теориями, а также отчасти концепция современного методолога П. Фейерабенда. Нахождение «золотой середины» между двумя приведёнными крайними точками зрения – актуальная проблема как науки в целом, так и педагогики в частности.

Участник 1: Какие бывают педагогические факты?

Участник 2: Педагогические факты следует классифицировать на единичные и имеющие ту или иную степень распространённости в образовательной действительности: неусвоение того или иного знания может быть зафиксировано как в единичном, обнаруженном у конкретного обучающегося проявлении, так и в проявлении массовом, обнаруженном на той или иной статистической выборке.

Участник 1: Как фиксируется педагогический факт?

Участник 2: Педагогическое фиксирование «массовых» фактов целесообразно, по нашему мнению, проводить аналогично предложенному И. Кантом в работе «Критика чистого разума»: «…при построении умозаключений разум стремится свести огромное разнообразие знаний к наименьшему числу принципов и таким образом достигнуть высшего их единства…» [цит. по 57]. Отмеченная аналогия звучит так: при обозначении того или иного педагогического факта всё зафиксированное в образовательной реальности *множество* проявлений (качеств обучающегося, степени владения им теми или иными учебными умениями и т.п.) целесообразно привести к *наименьшему числу* типологических обозначений, выраженных с помощью терминов педагогической науки и терминов из родственных педагогике областей знания. Например, различные ошибки, допускаемые школьниками или студентами при решении математических задач, типизируются и кодируются исследователем стилистически как неумение осуществлять те или иные математические операции (с подробным типологическим перечислением), применять определённые теоремы, леммы, правила корректного выполнения «шагов» при решении задач известного класса…

Участник 1: Можно ли выделить этапы фиксирования педагогического факта?

Участник 2: Для педагогики вполне применима такая схема выявления научного факта, первым шагом которой является фиксация объективно наличествующего события (событий) педагогической действительности, вторым – языковая презентация этого события с попытками типизировать весь массив отслеженных событий, объединить их в группы, классы, совокупности по тому или иному основанию. На приведённых выше примерах исследователю можно выявить, в частности, неумение студентов находить неопределённые интегралы, включающее: типы функций, интегралы от которых не могут найти студенты; конкретные коды математических операций, с которыми студенты не в состоянии справиться; конкретные шаги, требуемые для корректного перехода от одной операции к последующей, которые представляют массово проявляемые затруднения для студенческой аудитории.

Третьим шагом при выявлении педагогического научного факта является, на наш взгляд, применение прикладного инструментария, позволяющего претендующее на научный факт утверждение верифицировать – в обсуждённом только что примере к такому инструментарию могли бы быть отнесены специальные диагностирующие задачи, включающие проверку умений осуществлять действия, математические операции, связанные с интегрированием функций; при этом весь предлагаемый инструментарий необходимо включает те типы функций, действий и операций, неумение осуществлять которые студентами подозревает фиксирующий факт педагог-исследователь. Результаты обсуждаемого диагностирования в ряде случаев позволяют подтвердить начальное предположение исследователя, а чаще дополнить его, например, проявлением дополнительных операций, действий, которые не в состоянии грамотно осуществить студенты, а также функций (включённых в условия предлагаемых для решения задач), неопределённые интегралы которых студенты не могут правильно отыскать. Впрочем необходимо предусмотреть и такие ситуации, когда ряд операций, которые «по первоначальному подозрению» были неосуществимы студентами, на самом деле широкого распространения не проявляют и требуют анализа лишь на уровне индивидуального проявления. Понятно, что в зависимости от результатов проводимого диагностирования предполагаемый исследователем-педагогом научный факт либо подтверждается, либо опровергается, либо дополняется в какой-либо части.

Участник 1: Это полный «цикл» ?

Участник 2: Четвёртым шагом при выявлении педагогического факта является использование исследователем теоретического инструментария для обнаружения обсуждаемого факта и его интерпретирования – сам этот тезис автоматически проявляет нашу авторскую позицию по поводу теоретической «нагруженности» педагогических фактов в логике диады «фактуализм – теоретизм»: мы склоняемся к признанию как объективной данности *тесной связанности* фактов с педагогической теорией. Эта *связанность* для факта педагогического проявляется, по нашему мнению, в первом приближении, в формулировке этого факта на языке теории педагогики: приведённый методико-математический пример возможен как интерпретируемый посредством таких категорий как «познавательный барьер», «несформированность мыслительного умения», «недостаточность предшествующего опыта обучающегося для решения учебной задачи», «неразвитость умений применения теоретических знаний на практике» и других.

Связанность педагогического факта с теорией проявляется и на уровне согласованности / несогласованности этого факта с теми или иными положениями и выводами теории. В приведённой выше иллюстрации из методики обучения математике факт неусвоенности студентами конкретных умений может быть согласован, например, с известной теорией поэтапного формирования умственных действий (П.Я. Гальперин, Н.Ф. Талызина с учениками): надежда на успешное формирование у студентов умений интегрирования в стихийном формате, без выделения педагогом логически связанных этапов освоения сложного мыслительного умения и включения студентов в поэтапную деятельность по их освоению, обоснованная теоретически и множественно подкреплённая образовательной практикой, напрасна. Возможно, что именно это и приводит к фиксируемому исследователем педагогическому факту негативного формата.

В ряде случаев выявленный исследователем педагогический факт не согласуется с педагогической теорией: например, очень часто следование теории поэтапного обучения школьников или студентов решению математических или физических задач не приводит педагога-исследователя к ожидаемому результату, фиксируется как научный факт неусвоение обучающимися требуемых для решения задач умений. В этом случае обнаруженный научный факт после всех описанных выше четырёх «шагов» требует анализа обстоятельств конкретного учебного процесса, приведших к неусвоению ожидаемого педагогом контента умений, в частности, анализа того, насколько корректно соблюдалась на практике сфокусированная на исследуемый её фрагмент педагогическая теория, насколько обоснованно и вдумчиво применялась вытекающая из неё методика, насколько грамотно проведена диагностика сформированности ожидаемых исследователем умений студентов и т.п. Если по всем этим позициям ответ положительный, то возникает вопрос о необходимости корректировки самой теории, например, в части, связанной с доопределением педагогических и методических условий достижения прогнозируемого позитивно ценного результата, с конкретизацией области применимости теории, уточнением возрастного формата обучаемых, для которых теория пригодна в полном формате, а также в каком-либо усечённом, иногда с уточнением необходимого стартового уровня обучаемых и уровня подготовки педагогов для практической реализации разработанной теории. Конечно, известны и примеры осознания в процессе выявления научных фактов необходимости серьёзного, фундаментального пересмотра самих основ педагогической теории, её стержневых идей: к таким примерам относится, в частности, многократно упоминаемая в работах А.М. Новикова ассоциативно-рефлекторная теория учения, на определённом этапе развития практики образования показавшая, как минимум, свою содержательную ограниченность. Особо сложной является ситуация, когда первые обсуждённые выше три «шага» в выявлении научно-педагогического факта успешно осуществляются (и вроде бы факт уже почти «готов» к своему подтверждению), а корректного теоретического подтверждения не складывается. Один из таких примеров находим в книге В.М. Розина «Методология: становление и современное состояние»[16]: автор обсуждает критику Л.С. Выготским психолого-педагогической концепции Ж. Пиаже и удивляется тому, что якобы ложные теоретические основания Пиаже не согласуются с данными, ожидавшимися автором из «вытекающих» из этих теорий результатов наблюдений. Вроде бы научный факт налицо, а теоретическая его подкреплённость не выявляется, и аналогичную ситуацию В.М. Розин проявляет и по отношению к теориям самого Выготского, в которых иногда нет обоснования и истолкования наблюдаемых и описываемых психологом уверенно диагностированных фактов [конец диалогового фрагмента].

Диалог *методологический* здесь продолжаем нами аккомпанированным с ним содержанием диалогаисследователя с окружающей педагогической реальностью, – речь пойдёт о *педагогическом эксперименте.*Этап экспериментального внедрения разработанных результатов в практику подробно описан в книге А.М. Новикова «Методология образования» [42] и в работах В.И. Загвязинского, В.В. Краевского, представленных в прилагаемом к нашей книге списке литературы [14; 28; 29]. Потому мы позволили себе остановиться лишь на ряде нетривиальных его особенностей. Педагогический эксперимент является средством проверки выдвинутой гипотезы и предполагает активное вмешательство автора исследования в педагогическую действительность, создание экспериментальной ситуации, включение гипотетического фактора, отслеживание изменений в объекте исследования, обусловленных как этим фактором, так и неизбежно присутствующими факторами сопутствующими. При этом, как правило, исследователю предстоит *отделить* влияние на результат факторов исследуемых и множественных других. Поясним это на примере.

Пусть исследуется уровень сформированности тех или иных умений у студента, когда на их формирование воздействует изобретённая автором поиска обучающая методика. В этом случае

---

[16] Розин В.М. Методология: становление и современное состояние. – М.:МПСУ, 2005. – 410 с.

актуальна проблема выравнивания стартовых условий в группах экспериментальной (где методика полноценно внедряется) и контрольной, обучающейся по методикам традиционным: если, например, исследуется уровень сформированности умения мысленного экспериментирования у студентов при обучении какой-либо вузовской дисциплине посредством использования разработанных специальных задач, то начальный уровень сформированности этого умения должен в обеих группах различаться незначимо. Для этого автор по заранее разработанной методике должен оценить этот уровень в обеих группах, а затем организовать эксперимент так, чтобы отличие условий обучения в этих группах проявлялось лишь в наличии/отсутствии предложенной авторской методики, – остальные параметры должны различаться незначимо. В противном случае выставлять изобретённую методику в качестве причины повышения уровня сформированности умений мысленного экспериментирования оснований нет, – к числу сопутствующих причин вполне можно будет отнести значимые исходные различия в контрольной и экспериментальной группах, а также различия в условиях обучения не только в части использования авторской методики, но и некоторые другие, которые в реальном образовательном процессе неизбежно присутствуют и «привести их к нулю» часто возможным не представляется.

Иногда организация эксперимента только что описанным путём нецелесообразна из соображений здравого смысла: уровень сформированности исследуемого умения в контрольной группе заведомо окажется выше, чем в группе контрольной. В этом случае предметом исследовательского поиска продуктивного могут быть *педагогические условия* достижения желаемого результата, например, наличие или отсутствие какого-либо условия может показать различные уровни достигаемого результата: в обсуждённом выше примере использование исследовательского формата обучения позволит сформировать умения мысленного экспериментирования в ситуациях, значимо отдалённых от тех, которые представил студентам сам обучающий преподаватель; отсутствие исследовательского формата позволит сформировать у студентов умения использовать мысленный эксперимент только в задачах традиционных или близких к ним.

К указанному добавим желательность в процессе педагогического эксперимента проявить как коррелирует *различная глубина* внедрения в учебный процесс авторских методик (минимальная, средней степени, высокая) с достигаемым *образовательным результатом.*

Отметим также, что серьёзная экспериментальная работа предполагает выявление того, как повторяется результат эксперимента: фиксируется ли первоначальный положительный результат, насколько он устойчив, что в этом результате меняется от одного года экспериментального преподавания к другому; как влияет на достижение этого результата использование авторской методики в различных учебных заведениях различными преподавателями; что наблюдается в случае участия/неучастия в процессе обучения экспериментальных групп самого автора. Последнее актуально с точки зрения понимания степени тиражируемости авторской методики в образовательном пространстве, и это очень важно, поскольку даёт понимание того, насколько образовательное сообщество готово к использованию авторского результата.

Все эти позиции являют собой пример *методологического диалога* исследователя–автора теоретического замысла с *реальной образовательной средой,* в которую это замысел погружается. К числу дискуссионных (диалоговых) позиций педагогического эксперимента мы добавляем реактивный эффект, обозначающий различную восприимчивость к экспериментальным измерениям его участников – на начальном и на финальном этапах, а также различие результатов испытуемых, связанное с особенностями инструментария эксперимента, а не с реальным различием уровней сформированности изучаемого умения или качества. Неоднозначность педагогического эксперимента и вытекающий из этого его диалоговый формат обусловлены и таким эффектом, когда исследователь изначально заряжен на положительный результат испытания своей методики или технологии и намеренно пропускает ряд результатов эксперимента, его идею не подтверждающих.

Историко-педагогический диалог. К числу примеров редко происходящего сегодня такого диалога отнесём заочный диалог современного разработчика вузовского обучения с известными математиками и представителями естественных наук прошлого –

по поводу проблем организации высшего образования, использования различныхпродуктивных обучающих методик и технологий.

Среди участвующих в таком заочном диалоге научных авторитетов, например, Д.И. Менделеев, написавший более 40 (!!) работ по вопросам педагогики и народного образования, среди которых «Заметки о народном просвещении в России», «О подготовке учителей и профессоров», «Проект училища наставников» и ряд других (цитируется по книге В.И. Кузнецова «Принципы активной педагогики»[17]). Много места в работах по темам образования Менделеев уделяет написанию учебников и подтверждает свои выводы собственным учебником «Основы химии», в котором в компактной и доступной сознанию учеников форме изложено и систематизировано множество фактов, накопленных к тому моменту химией. С точки зрения рассматриваемого в нашей книге логико-гносеологического ракурса научного исследования важно то, что Д.И. Менделеев в своих педагогических сочинениях подробно обсуждает проблему научного факта и его теоретической нагруженности. Также для нас важно то, что автор в своих сочинениях призывает вводить студента в науку, иллюстрируя не только само научное знание, но и логику его получения – это проспецирует развитую множеством более «поздних» авторов идею методологизации содержания обучения, включающую в это содержание такие компоненты как научный факт, проблема, научная гипотеза и её подтверждение/опровержение экспериментом.

Аналогичные мысли высказывал в своих педагогических сочинениях и более близкий нам по времени известный физик П.Л. Капица (цит. по [24]): идея включения в содержание физического образования в вузах динамики развития современного научного знания, исследовательского взаимодействия педагога и студента, идея совместного обучения педагога и студента в образовательном процессе (каждый учёный когда преподаёт, учится сам) и ряд других подробно представлены в работах известного физика. Среди персоналий учёного сообщества, выдвигавших и публиковавших наряду с идеями своих наук педагогические

---

[17] Кузнецов В.И. Принципы активной педагогики. М.: «Академия», 2003. – 120 с.

идеи и способы их реализации, известны и математики Н.И. Лобачевский, А.Я. Хинчин, П.С. Александров, физики Л. Больцман, О.Д. Хвольсон – в их работах общие идеи и подходы сочетаются с конкретными научно-педагогическими сюжетами, интересными фактами и методическими приёмами (подробно написанными в книге В.И. Кузнецова «Принципы активной педагогики»[18], а также в книге А.В. Коржуева и А.Р. Садыковой «Общенаучные основы педагогики и педагогического поиска»[19].

Диалог современного педагога-исследователя с известными учёными-математиками и естественниками прошлого, оставившими яркий след в математике, физике, химии и параллельно занимавшимися проблемами университетского образования, не только иллюстрирует идею связи времён, но и способствует актуализации тезиса «новое – хорошо забытое старое», осмыслению того, как прочитанные идеи могли бы продуктивно работать в образовании современном.

Вновь о текстово-диалоговой рефлексии и исследовательском педагогическом взаимодействии. Значимость рефлексии как формы мыследеятельностипроявлена в научном социуме достаточно давно, – например, ещё Дж. Локк писал о рефлексии как о сознательном действии индивида, позволяющем ему сделать само мышление объектом собственного изучения. «Так как разум ставит человека выше остальных чувствующих существ и даёт ему всё то превосходство и господство, которое имеет над ними, то он, без сомнения, является предметом, заслуживающим изучения уже по одному своему благородству» – пишет Дж. Локк[20]. Под рефлексией он понимает наблюдение, «которому ум подвергает свою деятельность и способы её проявления». Эти отсылы могут быть добавлены и взглядами И. Канта, который в «Критике чистого разума» указывает, что современный ему век есть подлинный век критики, которой «всё должно подчиняться»

---

[18] Кузнецов В.И. Принципы активной педагогики. – М.: Академия, 2003. – 120 с.

[19] Коржуев А.В., Садыкова А.Р. Общенаучные основы педагогики и педагогического поиска. – М.: Либроком, 2015. – 304 с.

[20] Локк Дж. Сочинения в 3-х т. Опыт о человеческом разумении. Т. 1. – М.: Мысль, 1985. – 621 с.

[61], и он не намерен ограничиваться знанием мнимым и требует от разума, чтобы он взялся за самое трудное из своих занятий – самопознание и «учинил бы суд, который бы подтвердил все справедливые требования разума, и с другой стороны, был бы в состоянии устранить все неосновательные притязания – не путём приказания, а опираясь на вечные и неизменные законы самого разума» [61].Перечисленные идеи позиционируют рефлексию в статус регулятора мышления, средства управления мышлением, способа оценки самого хода своей мыслительной деятельности индивидуумом. Продолжая этот ряд, можно включить в него статусы рефлексии как средства, ориентирующего педагогическое научное знание относительно его соответствия теоретической норме, стандарту рациональности, а также относительно векторов его дальнейшего развития; для знания социо-гуманитарного вдобавок ко всему – в плане соотнесённости с вызовами социального заказа.

Здесь следует отметить приложимость обсуждаемых рефлексивных стратегий деятельности педагога-исследователя к осмыслению как собственных результатов и методов их достижения, так и результатов своих учёных коллег. С психолого-философской точки зрения этот тезис ценен тем, что просвечивает для педагога-учёного авторефлексирующего возможность когнитивного самопознания,выявление степени вписываемости собственных результатов в существующую теоретическую норму педагогики, выработку собственного рефлексивного стиля научной деятельности. При этом и рефлексия, и авторефлексия восходят *к диалогам* – к диалогам исследователя с научно-педагогическим социумом и «автодиалогам», актуализирующим внутреннюю речь.В заочном диалоге читателя с автором текста такая внутренняя речь насыщена фразами: здесь автор текста сбился с тезиса, отошёл от предмета первоначального обсуждения … ; здесь раскрыл только один вариант развития своей посылки, упустив возможный другой … ; здесь применил неверную аналогию…; здесь говоря о развивающем обучении, незаметно перешёл на обсуждение эвристического…; здесь автор выдвинул умозаключение (тезис) и ушёл от его обоснования… и т.п. Такая внутренняя речь вполне может воплотиться во внешние речевые формы, например, при личной встрече читателя текста с его автором.

В предлагаемом в данном параграфе обобщающем синтетическом представлении мы возвращаемся к научной рефлексии как совокупности четырёх операций: *остановка, фиксация, объективация и оборачивание,* и выводим проблему в диалоговый формат, делая отсыл к главному механизму продуктивного педагогического диалога – **проговариванию** его участниками своих исследовательских позиций, способов достижения полученных результатов, конечно, аккомпанированному **осознанием позиций** других участников и порождающему либо означенное новизной осмысление имеющегося в педагогическом архиве знания, либо педагогическое знание ранее неизвестное.

Остановка может быть обозначена как осознание исследователем-педагогом необходимости искусственного прерывания поступательного поискового движения для осмысления промежуточных результатов и процесса их получения – с тем чтобы скорректировать дальнейшее движение. Оборачивание мы понимаем как предварительный оценочный взгляд на пройденный отрезок исследовательского пути, прикидка «координат точек осмысления» и способов его осуществления. Фиксация есть порождение «кристаллизованных» ответов на вопросы о промежуточных исследовательских результатах и методах их получения, нахождение реперных точек маршрута, относительно которых осуществляется оценка, а также «систем координат», в которых эта оценка осуществляется, «фотографирование» исследовательских фрагментов из прошлого. Наконец, объективация есть приведение выводов к той или иной нормативной сетке, соотнесение с существующей в момент исследования теоретической (или парадигмальной) нормой.

Обещанное чуть выше выведение научно-педагогической рефлексии в диалоговый формат означает её *временно́е разворачивание* в сочетании: а) оценок, высказываемых участниками друг другу; б) самооценок каждого из участников на основе анализа реакций партнёров на их вызовы; в) сюжетов «я (участник диалога) –глазами партнёра». Здесь исследователь-педагог задаёт себе вопросы о том, например, как кодирует его методологические маршруты научный и практический социум, какие когнитивные исследовательские схемы фиксирует у него как положительные и продуктивные, какие результаты и подходы воспринимает с трудом, какие не признаёт совсем, и в чём одна из возможных или несколько причин такого положения дел. Здесь исследователь-педагог внутренней речью пытается выработать адекватную мнению социума о себе *реакцию* на внешние оценки: а) эта критика чисто провокационная и я её пропускаю; б) в критике коллеги Н. лишь та часть, которая относится к использованию мной аналогий, конструктивна, и я её принимаю во внимание, а критика по поводу моего контекстуального обоснования (обращения к авторитетам от педагогики) обусловлена чисто конъюнктурной привязанностью оппонента к определённым персонажам и огульным отвержениям всех других – я такую критику пропускаю; в) звучавшая сегодня на научном семинаре критика в мой адрес заставляет серьёзно задуматься, однако, некоторые выводы оппонентов требуют включённого осмысления и вполне возможно, что в последующих диалогах расстановка позиций будет меняться и т.п.

Особо сложным случаем диалоговой рефлексии является нечто родственное тому, о чём в своих работах пишут адепты научной школы Г.П. Щедровицкого – это рефлексия мыследеятельности, в первом приближении позволяющая участнику диалога, читателю текста на основе выраженной устно или написанной в тексте мысли, вывода, факта и т.п. высветить возможный *ход этой мысли* у её источника. Начиная от простейшего обращения к партнёру: «как Вы это установили?» до весьма нетривиального «я сейчас попробую восстановить ход Ваших рассуждений». Естественно, в устном диалоге такое восстановление осуществляется гораздо проще, чем в заочном диалоге с текстом, – здесь необходимо повышенно включённое вживание читателя в глоссарий текста, в способы выражения автором своих мыслей, обоснования и доказательства приводимых утверждений, в эмоциональный фон текста и во многое другое, проявляющее необходимый уровень когнитивной и эмпатической культуры.В заочном диалоге читателя с автором анализируемого текста все описанные когнитивные «развороты» обусловливают такие процедуры как остановка на определённом этапе чтения, «возвращение назад», перечитывание, читательская реконструкция пропущенных автором текста шагов разворачивания предъявляемой мысли, читательские дополнения, сравнения собственного развития прерванной на определённом этапе авторской мысли с тем, какое предлагает читаемый автор и т.п.

Пришло время привести идею научной рефлексии к *исследовательскому взаимодействию*, и главной здесь является акцентированная ещё Ч.С. Пирсом идея о том, что ясность и истинность научного знания достигаются не отдельным человеком, а *сообществом учёных, своеобразным коллективным разумом*. К педагогике всё это в полной мере относимо – родившееся в голове одного исследователя знание проходит множественное «испытание на прочность» в научном и практическом образовательном социуме, только спустя некоторое время полноценно встраиваясь в энциклопедически архивированную систему педагогического знания. Выше в главе второй мы уже обрисовали наиболее интересные сюжеты такого взаимодействия, и при всём различии (семинар, научный доклад с обсуждением, научно-педагогическая конференция, индивидуальное научное руководство, коллективный научно-исследовательский или научно-практический проект) они сводятся к *кумулятиву*, проявлению существенного нетривиального добавления к индивидуальному результату, попавшему в поле коллективного совместного обсуждения.

Такой нетривиальный формат обнаруживает невидимые автором-индивидуалом особенности причинного кодирования характера протекания исследуемого феномена, добавляя к изначально выделенному перечню причин другие, переставляя акценты значимости выведенных причин (выделяя причины доминирующие и малозначительные), заменяя на первый взгляд независимые причины на цепочную причинно-следственную связь и т.п. Аналогичные добавления и перестановки акцентов вполне возможны и по отношению к анализу факторов, воздействующих на изучаемый педагогический процесс или объект, а также к часто используемому исследователями анализу различных педагогических условий. Нетривиальный кумулятив коллективного поиска может выражаться в коррекции выдвигаемых индивидуалом поиска педагогических определений и классификаций, в практическом адаптировании обучающих и воспитательных методик и технологий.

Педагог-исследователь рефлексирующий. Такой раскрытый в предшествующем содержании книги собирательный образносителя рефлексии текста и участника научного диалога мы помещаем в финал основной части нашего повествования, включая в него ряд проявлений, среди которых умение проявить логико-гносе-ологический код педагогики и педагогического поиска в тексто-вом продукте читаемом и в диалоге с исследователем-партнёром в научно-педагогическом социуме, а также умение грамотно про-явить логико-гносеологический код собственного исследования, защитив его в диалоге устном или текстовом. Качества *педагога-исследователя рефлексирующего* добавляемы умением участво-вать в интеллектуальном научно-педагогическом диалоге, выдви-гая в защиту своей позиции аргументы корректные, сочетающие обоснования эмпирические, теоретические и контекстуальные, прицельно адресованные конкретной аудитории, способной аде-кватно воспринять диалоговые интенции автора, выдвинуть аде-кватные контраргументы. Здесь обсуждаемый нами носитель рефлексивных умений принимает во внимание и возможное не-знание оппонентами многих необходимых элементов педагогичес-кого и методологического знания и организует экспрессное обуче-ние им «противников» по ходу диалога.

Обсуждаемый нами носитель рефлексивного педагогичес-кого кода способен продуктивно включаться в исследовательское взаимодействие, – как руководимый опытным авторитетным ис-следователем и руководитель исследователя начинающего и иссле-довательского коллектива, как *со*исследователь на равных правах с другими участниками и исполнителями какого-либо теоретиче-ского или практического педагогического проекта, умеющий соче-тать уверенность в своих знаниях и исследовательских подходах с обсуждением точек зрения других участников научного поиска. *Педагог-исследователь рефлексирующий* способен «чувствовать» логико-гносеологический барометр состояния исследовательского педагогического сообщества, степень принятия им научных норм и кодов классических и современных, перспективы корректной гносеологизации педагогики, исследовательские темы актуальные, для научного социума интересные и отзвучавшие, а также те, кото-рые вполне возможно, вскоре зазвучат или темы старые, но гото-вые к тому, чтобы зазвучать по-новому.

Наконец, *педагог-исследователь рефлексирующий* обладает рядом качеств, традиционно рассматривающихся в психологии научного творчества, и для нашего ракурса наиболее важны та-кие как: а) умение сводить педагогические феномены сложного описания к простым; б) противоположное умение находить такие ракурсы и свойства исследуемого феномена, которые традиционно во внимание не принимаются, не «лежат на поверхности»; в) отсутствие боязни перед сложностью решения выявленной педагогической проблемы, перед высокой степенью неопределённости (научной кодированности) её исходных основ; г) здравое отношение к критике научного сообщества, способность продуктивно использовать в собственной деятельности прозвучавшую критическую оценку; д) готовность рисковать временем и затрачивать длительное время на научный поиск, всесторонне осмысливать его как процесс и результат, возвращаться к начальным этапам, вновь по нескольку раз проходить выбранные ранее исследовательские маршруты; е) понимание относительности достигнутых результатов и готовность к их уточнению, конкретизации, а может быть и к опровержению научным или практическим сообществом; ж) умение выбрать разумно целесообразный режим рефлексирования, включающий повышенно включённые рефлексивные фазы, а также отстранение от рефлексии, временный переход на чисто продуктивный режим, затем вновь переход к рефлексивной паузе и т.п.

Последний тезис даёт понимание того, что *педагог-исследователь рефлексирующий* в состоянии осуществлять на основе рефлексии «продуктивное движение» в педагогическом поиске, например, вступив в диалог с практическим педагогическим опытом коллег, исследователь оказывается в состоянии сформировать некое эмпирическое обобщение, вывести некоторую эмпирическую закономерность, впоследствии найдя для неё теоретическое обоснование (например, из психологии: усвоение знания происходит эффективнее, если в структуре содержания обучения просвечивается логическая форма связи между изучаемыми объектами, явлениями и описывающими их конструктами знания). Вступив в рефлексивный диалог с философией, педагог-исследователь оказывается в состоянии спроецировать ту или иную философскую идею в сегмент образования и найти адекватную реализации этой идее практическую обучающую или воспитательную методику. То же самое происходит когда исследователь-педагог заимствует теоретическую идею непосредственно в диалоге с психологией (без обращения к философии) – продуктивным выходом в этом случае вновь будет адекватная психологической форме обучающая или воспитательная методика. Вступив в диалог с общенаучной методологией, педагог-исследователь находит грамотную проекцию общеметодологической закономерности на содержательное поле педагогики и тезисно отражает полученный результат.

Этим мы завершаем основное содержание книги, и остаётся лишь обсудить актуальные нераскрытые аспекты исследуемой темы.

3.2. «Придут честолюбивые дублёры…», или поле для новых работ по обсуждаемой теме

Обозначим теперь ряд выявленных нами белых пятен в проблеме педагогического поиска, по разным причинам не нашедших отражения в наших работах. К таковым отнесём ряд идей, отражённых в теориях естественнонаучного и математического поиска и не преломлённых к поиску педагогическому (в известных нам источниках).

Мы начнём с идеи В.И. Вернадского, известного, в частности, своими исследованиями в области «взрывов» поисковой активности, обусловленных среди всех прочих факторов «нарождением» талантливых людей и их сосредоточением в одном или близких поколениях, а также благоприятствующими активизации поиска социально-политическими условиями. Вопрос, поставленный В.И. Вернадским, заключается в поиске причин смены интенсивности научного поиска – не выясненный для поиска в области естественных и математических наук, он даже не начинал исследоваться для педагогики [45].

Родственными упомянутым работам являются исследования науковеда Т.И. Райнова [45], гипотезировавшие периодичность (цикличность) научной активности, – волны подъёма поисковой активности в естественных науках не проявляют постоянства периода между крайними максимальными точками, но колебательный характер процесса доказан. Таких исследований применительно к педагогическому поиску нет. Фазово-этапный характер поисковой активности обосновывался и академиком П.И. Вальденом: он выявил, что в математике апогей поисковой активности соответствует возрасту учёного от 20 до 25 лет, к 35 годам поисковая активность снижается примерно на две трети, к 50 годам падает в 10 раз по сравнению с максимумом. В области астрономии и геологии пик поисковой активности приходится на интервал между 34 и 39 годами, в химии – между 26 и 30 годами [45]. Педагогика относится к наукам социально-гуманитарным, –для серьёзных результатов здесь требуется длительный опыт практической деятельности в образовании, однако, кроме этого качественного вывода ничего более конкретного нет, а такой результат был бы интересен учёному социуму.

Упомянутый выше А.С. Новиков в книге [45] обсуждает линеарную и нелинеарную модели научного поиска – первая ориентирована на такие характеристики как однозначность, монологизм и обратимость. Эти три позиции включают: «прямолинейно-прогрессирующий» ход мысли исследователя, осуществление поиска по возрастающей (начальный момент содержательно предельно беден, финальный – предельно богат), невариабельное толкование событий, «бесстрастно-логический анализ реальности по эмпирическим направлениям» [45], чёткое движение от посылок к следствиям, постепенное снятие неопределённости с разрешаемой проблемы(проблема-как-акт). Совокупность таких характеристик А.С. Новиков именует одномерным процессом. Частично все эти проблемы были обсуждены в нашей книге, однако, до ясного, взвешенного понимания проблемы применительно к педагогике весьма далеко.

Цитированный выше А.С. Новиков в книге [45] подробно исследует и проблему научного поиска в координатах неклассической рациональности, адресующейся к изменению соотношения «субъект – объект» в научном познании, в сокращении дистанции между познающим субъектом и изучаемым им окружающим миром, во включении специфики средств и процедур деятельности в картину описания окружающего мира. Поисковый акт в неклассической модели не носит жёсткой структуры индуктивного или дедуктивного статуса, методологический «арифмометр» запускается на финальных этапах решения проблемы, начальные этапы содержат сильную эвристическую составляющую. В целом нелинейная модель научного поиска означает несводимость фаз и этапов научного поиска только к логико-категориальным средствам определённой научной дисциплины, сильный междисциплинарный контент знания, невозможность придать траектории поиска устойчиво направленный характер. Позиционирование педагогического поиска в контекст особенностей *неклассического* этапа развития науки – задача, с нашей точки зрения, чрезвычайно важная.

Ещё одной важной частью цитированной выше работы А.С. Новикова [45] является подробное обсуждение типологии научных открытий, включающей открытия своевременные, запоздалые, случайные, несвоевременные – такая сетка для рефлексии открытий педагогических, по нашему мнению, вполне может рассматриваться как неисследованное поле. Все вышеприведённые сюжеты отражают идею *диалога автора-науковеда с текстами исследователей научного поиска* в других, не включающих педагогику областях знания. Развернём данный аспект немного подробнее.

Несмотря на множественные обращения к проблеме педагогического поиска на оси времени ранее, мы считаем необходимым ещё раз вернуться к теме «педагогический поиск и время», обратив внимание на известные из методологии поиска типологии: «открытие запоздалое», «открытие повторное», «открытие преждевременное», «открытие, опережающее время». Мы считаем возможным то, что применено А.С. Новиковым к наукам математическим и естественным, спроецировать на поиск педагогический, начав рассмотрение с тезиса «открытие запоздалое»: в общем представлении это клише расшифровывает ситуацию, когда педагогическое исследование отвечает на громко декларируемые запросы социума – тогда, когда обнаруживается, что те или иные фрагменты умений, компетенций или просто знаний у студентов и школьников не сформированы, а социуму «срочно требуются». К числу примеров можно отнести события позднего СССР, примерно 1985 года, когда в школу в срочном порядке стала внедряться информатика, без компьютерного оснащения, без разработки концептуальной, на ходу, на бегу; на весенних каникулах учителя математики (а иногда физики) были срочно собраны на пятидневное обучение в близлежащие вузы и осваивали компьютерный ликбез с последующим летним двухнедельным «приобщением» к вузовским компьютерам. Образовательный поиск запоздало отреагировал на осознанную социумом необходимость, разработки теории обучения информатике начались, но с опозданием, когда это обучение уже стало осуществляться стихийно, по наитию, методом проб и ошибок.

Следующим подразделением поиска во временном формате является «открытие повторное»: в педагогике таких примеров огромное множество, они выявляются из анализа диссертационных баз, проявляющих широкую задействованность в спектре тем исследования некоторых сегментов образования и незадействованность других. К первым относятся, в частности, проблемы формирования у обучающихся различных «типов» мышления: проблемного, исследовательского, проектного, критического; последнее очень «плотно» описано как образовательный результат учащихся начальной школы (через чтение и письмо). К «повторно открытым» по полному праву относятся работы по проблемам личностно-ориентированного подхода – даже на уровне учебников, словарей и энциклопедий выявляется огромная масса авторов, занимавшихся данной тематикой. При этом версии личностно-центрированного подхода, выдвигаемые различными авторами, часто объявляются ими как отличающиеся от других авторских, однако, при чтении книг, статей, словарных расшифровок это различие выявить очень трудно; оно часто оказывается чисто стилистическим. Такая же ситуация может быть проявлена и по отношению к компетентностному подходу и к подходу деятельностному, иногда добавляемому личностным и вырождающимся в гибриды «личностно-деятельностный», «личностно-компетентностный».

Заявленная в названии раздела поисковая рефлексия открытия повторного не позволяет нам пройти мимо *педагогического открытия неосуществлённого*, но требуемого социумом, что выявляется анализом педагогической и социальной реальности. К таким относится, например, методология учения (в терминах А.М. Новикова), предполагающая определение *методов учения* (не путать с обучением), посредством которых обучающийся учебную информацию из учебника или от педагога усваивает, осмысливает, преобразует в сформированную стратегию познавательной деятельности, в возможность применения при решении задач. К числу фрагментов педагогического знания неразработанного, но требуемого социумом, относится и образование взрослых, интенсивно и широко развиваемое сегодня, однако, научно-педагогического подкрепления не имеющее: масса инновационных форм работы в этой сфере (коучинги, тьюториалы, тренинги, вебинары и т.п.) организуются и существуют в образовании взрослых стихийно, поставленные задачи в какой-то мере, безусловно, решают, но открывают такие проблемы, решение которых требует анализа и поиска научного, всестороннего, осмысленного и глубокого. Реально такого поиска нет или он проявлен весьма слабо, на уровне описания, но не выявления причинно-следственных связей, объяснения или прогноза.

Открытия педагогические повторные тесно связаны с открытиями несвоевременными, как правило, осуществляющимися «первопроходцами» по причине недостаточного анализа литературы и незнания степени и научно-педагогической локализации проработки той или иной проблемы, – таких примеров сегодня в педагогике масса. К повторным открытиям относятся и такие, которые можно кратко именовать как самоплагиат, когда автор размножает сам себя, в последующих работах практически не отрываясь от предыдущих, осуществляя лишь стилистические добавления.

Проблема повторных открытий в педагогике, однако, не так проста – она имеет значимую степень объективной обусловленности, и связано это с огромной трудностью обращения авторов к информационным педагогическим базам, поскольку информационные массивы педагогических публикаций сегодня огромны и гарантии полного исследования степени разработанности и конкретного контента даже весьма узкой проблемы почти никогда нет. Потому естественна та или иная степень повторения исследователем результатов своих предшественников.

Обозначенные выше *открытия, опережающие время*, мы в педагогике назвать пока затрудняемся; это своеобразный аналог принципа опережающего профессионального образования, готовящего студента или постдипломника к освоению сегмента знания или практики, который остро понадобится в будущем, однако, знаемыми нами примерами не подкрепляемый.

Выделенные типы педагогических открытий инициируют возникновение **научного диалога** в педагогическом сообществе: а) диалога между исследователями, обсуждающими сходства и различия между открытиями повторными; б) диалога между самими авторами повторных открытий – по поводу версий представления теоретической и практической части замысла, степени их отличия и т.п.; в) диалога между научным и практическим социумом по поводу открытий неосуществлённых, но крайне необходимых для теории и практики развития педагогики и системы образования; г) диалога между авторами открытий запоздалых и научно-практическим социумом, оценивающим такие исследовательские продукты. В процессе обозначенных типов диалогов активно задействуются различные форматы операции сравнения, ретроспективного анализа педагогического знания и его встраивания в практику образования, выявления незавершённых фрагментов педагогического знания и векторов его развития на обозримую перспективу.

Двигаясь в пространстве белых пятен исследования педагогического поиска, мы подошли к необходимости обозначить очень важный актуальный для скорейшего исследования фрагмент – это педагогическая теория. Сегодня он решён только контурно, и только в части диады «теоретическое – практическое» – педагогика более-менее научилась формулировать общий, эскизный взгляд на способы решения исследуемых проблем (концептуальная модель). Однако, научный формат педагогического знания в диаде «теоретическое – эмпирическое» выстроен на сегодня очень «рыхло», и является чем-то отдалённо похожим на конструкции типа СЛЕНТ («строительные леса» естественнонаучной теории): трудно выявляемы основные, базовые положения педагогики, способы выведения из них важных следствий, очень трудно решить проблему педагогических определений, существует масса проблем при реализации объяснительного формата педагогической теории, адресующегося в связку с психологией, ещё сложнее кодируется корректный прогностический формат педагогики.

Особый разговор в связи с формированием педагогической теории о проблеме «педагогика в созвездии наук» или о *междисциплинарном формате* педагогики. Хотя речь об этой проблеме уже шла в первой главе книги, сейчас мы акцентируем внимание на необходимости выстраивания педагогикой своих научных отношений с множеством областей знания и *серьёзной трудности этого процесса*. Если привлечение в педагогический «круг общения» психологии принципиально понятно, то этого нельзя сказать про теорию управления, поскольку это предполагает адресацию к математическим моделям, широко используемым теорией управления. Такие модели крайне трудно построить для живого объекта изучения педагогики, так как крайне трудно: а) обозначить математически и шкалировать педагогические характеристики (готовность к усвоению знания, мотивированность к овладению умением, уровень сформированности качества личности и т.п.); б) выразить количественно то или иное педагогическое воздействие на обучающегося, и ещё сложнее всё это осуществить для описания канала обратной связи «ученик – педагог».

Аналогичные проблемы возникают и в случае использования в педагогике математического аппарата прогностики (теория корреляции, тренды, теория и математическое описание случайных процессов). Весьма проблемны и связи педагогики с теорией информации, необходимые, например, для грамотного выстраивания учебного планирования, основанного на оценке информационной ёмкости (в битах, байтах) различных фрагментов учебного знания и позволяющего представить вариант обоснованного распределения учебного материала по отдельным занятиям. Не меньшие трудности ощущаются в области использования педагогикой результатов и методов нейрофизиологии (для конструирования грамотных обучающих методик на основе понимания физиологических механизмов запоминания, извлечения из памяти необходимых информационных единиц, наложения одних когнитивных стимулов на другие и т.п.).

Трудности кодирования междисциплинарного формата педагогики могут быть продолжены серьёзной проблемой, связанной с глоссарием основ педагогики. Об этом уже шла речь в основной части книги (глава первая), где обозначилась проблема соотнесения определения с некой теоретической схемой, «протоформой», на основе которой исследуется педагогический объект в конкретном случае, в том ракурсе, в котором он интересует исследователя, а также проблема выбора понятий неопределяемых (аналогов геометрическим понятиям точки, прямой, плоскости), через которые можно построить дефиниции различных педагогических феноменов. Здесь мы ещё раз обращаем внимание читателя на чрезвычайную остроту этой проблемы и иллюстрируем её примерами из словаря А.М. Новикова, выведя на поверхность несколько данных автором определений [42].

По А.М. Новикову, **образовательный процесс** есть совокупная деятельность обучающегося (1) и педагога (2). Образовательная деятельность обучающегося (1) может осуществляться без педагога (автор имеет в виду самообразование); в деятельности педагога (2) не всегда присутствует обучающийся (подготовка к занятиям, планирование). Далее автор указывает, что совместная деятельность педагога и обучающегося есть **педагогический процесс,** – начиная своё определение с образовательного процесса, в финале автор отождествляет его с педагогическим. Какой смысл называть разными словами те два феномена, которые тождественны???..

В другой части словаря определяется **педагогический процесс** (но выше он отождествлился с образовательным!!!) как совместная деятельность педагога и обучающегося, и указывается, что синонимом педагогического процесса является процесс **учебно-воспитательный**. Происходит третье отождествление, а чуть ниже автор педагогический процесс, синонимированный учебно-воспитательным, расшифровывает как совокупность процесса воспитательного, учебного и процесса развития. Почему тогда чуть выше звучит только двойное «учебно-воспитательный»??.. Почему исчезло развитие??..

Это далеко не единственная иллюстрация того, что терминологически педагогика сегодня чрезвычайно запутана, и смешение всего и вся просвечивают в своих работах даже признанные мэтры, а что говорить об исследователях начинающих…

Ещё одной болевой точкой теоретической схемы педагогики является проблема *корректного классифицирования*. Вполне преодолимыми являются элементарные ошибки классифицирования, когда авторы помещают в один ряд классификационные подразделения, выделенные по разным основаниям, например, методы обучения бывают: словесными, наглядными, репродуктивными и лекционными. Налицо смешение трёх классификационных оснований и наглядные и словесные необходимо выделить, добавив к ним практические, репродуктивные следует также отделить и добавить продуктивными, и лекционные следует выставить в другой ряд, содержательно добавив. Или такая несообразность, о которой мы уже упоминали: ставя во главу угла построения содержания образования категорию опыта обучающегося, А.М. Новиков [40] обозначает источниками такого опыта: всю объективную реальность, самого ученика, учителя и предшествующий опыт ученика, – в одном ряду расположены существенно пересекающиеся совокупности, наиболее крупной из которых является объективная реальность, затем два её объекта (учитель и ученик) и обладание опытом одним из них. Сильная пересекаемость выделенных источников очевидна и это возможность постановки их в один ряд зачёркивает.

Гораздо сложнее случаи, когда основания постановки педагогических объектов или феноменов в один ряд вообще не выявляются – выдвигать критические оценки при этом очень сложно. Например, хрестоматийный квартет содержания обучения: знания, умения репродуктивные, умения продуктивные, опыт эмоционально-ценностной деятельности. Предположим, что знания и умения образуют целостность, но и два умениевых компонента (продуктивные и репродуктивные) также образуют полную совокупность и ставить их в один ряд со знаниями проблематично, не говоря уже о том, что совершенно не проявляется смысл добавления к обсуждённым трём опыта эмоционально-ценностного отношения. Проблема корректного классифицирования очень трудна в педагогике, поскольку почти всегда трудно проявить критерий полноты покрытия «членами» деления всей классифицируемой совокупности, и только что приведённым примером это подкрепляется. Основаниями для выделения такой полноты, с нашей точки зрения, сегодня могут служить «протоформы» педагогического деления, образующие изначально некоторую целостность: подходы деятельностный и знаниевый, аспект процессный и «результатный», надёжно декларируемые психологией три формы психического отражения индивидом окружающей действительности: интеллект, эмоции и воля, любые категории, проявления, чётко проявляющие противоположность, а в сумме являющие «полную группу», – пожалуй, это всё, о чём мы знаем. Другие посылки для выявления полных классификаций требуется скрупулёзно искать.

К числу белых пятен теории педагогического поиска относится и логически вытекающий из всего написанного выше фрагмент **педагогическое исследование как *компонент содержания педагогического образования.***

Это с нашей точки зрения раскрывается, в частности, следующими тезисами:

– специальные курсы для студентов типа «Исследовательская работа по педагогике», аналогичные содержательно обогащённые курсы для аспирантов или преподавателей, проходящих обучение по программе «Преподаватель высшей школы» в рамках дополнительного профессионального образования;

- специальные семинары и практикумы исследовательско-методологической направленности;
- выпускные квалификационные работы как общепедагогической, так и историко-педагогической и методолого-педагогической направленности;
- научные конференции, дискуссии соответствующей направленности.

В качестве одного из вариантов содержания методологического обучения предложим эскиз интегрированного курса для аспирантов по педагогическим наукам и магистрантов образования «Философско-методологические ориентиры педагогического исследования», включающий:

- подробно представленные, например, в книге [36] философские основания педагогики (неомарксизм, феноменологическая философия, прагматизм, антропология и др.);
- понятие о научном методе и научной теории высокой гносеологической версии, отличия теорий естественно-математических и гуманитарных, основные тенденции современного гуманитарного познания;
- методология педагогики как одно из направлений социогуманитарного познания, её исторический «разворот», основные проблемы становления как теоретического фрагмента знания;
- общенаучные регулятивы и методы педагогической науки, гипотеза и модель в педагогике, педагогический эксперимент и интерпретация его результатов;
- теоретический, историко-педагогический и компаративистский поиск, их особенности.

Важна также разработка конструкторами научного педагогического образования активных форм деятельности обучающегося педагога-исследователя, например, активных рефлексивных практик, «играемых» научных диалогов на заданную обучающим «мастером» тему: предложите вариант диалога по поводу соотношения фактуализма и теоретизма в педагогическом знании и поиске, начав с фиксации исходных экстремальных позиций и развив их на материале исторически зафиксированных методологических сюжетов и на материале современной методологии педагогики.

Обсуждая педагогический поиск как компонент содержания педагогического образования, следует непременно *говорить о функциональной исследовательской грамотности* – это в значительной степени инвариантный (по отношению к профилю исследовательской деятельности) компонент знания и умения, который обеспечивает возможность субъекта функционировать в исследовательском пространстве, эффективно решать исследовательские задачи, взаимодействовать с учёным социумом. Функциональная грамотность есть своеобразное *минимально необходимое*, которое даёт возможность автору реализовать себя в процессе исследования, – соответствующий контент включает: умения поиска научной информации с бумажном и электронном виде, перевода содержания зарубежных книг и статей на русский язык, умения контактировать с научным сообществом, обращаться за консультацией, выступать на научных симпозиумах и конференциях, участвовать в научных дискуссиях, презентовать собственные результаты с использованием электронных средств (например, программа Power Point), использовать виртуальные среды. Функциональная исследовательская грамотность сегодня включает и умения контактов с редакциями зарубежных научных журналов, умения введения текстов статей в базы для рецензирования, умения читать тексты рецензий, адекватно и корректно на них реагировать. Такая грамотность предполагает также владение исследователем умением презентации собственных исследовательских результатов, представления их на рецензирование для получения издательских грантов, для получения приглашений для работы в зарубежные университеты и научные институты.

Сейчас мы хотели бы обратить особое внимание на неформальную часть методологического образования, включающую индивидуальные консультации педагогов-исследователей, достигших мастерства в научно-исследовательской деятельности, мастер-классы, коллективные встречи мастеров с исследователями начинающими, на которых мэтры делятся мнениями по вопросам, традиционно вызывающим затруднения магистрантов, аспирантов и докторантов, а также делятся сюжетами из собственной научной жизни, связанными с защитой диссертаций, написанием книг, выступлениям на конференциях – всем тем, что актуально для будущих учёных.

Теперь несколько слов по поводу методологического образования в процессе научного руководства магистрантом, аспирантом, соискателем докторской степени, практическим педагогом-членом научного коллектива. С одной стороны, это задание логико-гносеологической рамки, за которую нежелательно выходить руководимому, а с другой – предоставление возможности самостоятельной научно-педагогической реализации, не всяческое уберегание начинающего поисковика от возможных ошибок, а нахождение руководителем возможности их совершить и продуктивно осознать, свой отход от логико-гносеологической нормы правильно «выровнять». Эти два компонента нами не противопоставляются, а вполне корректно сочетаются.

В связи с этим от руководителя требуется психологически бережное участие в научной судьбе начинающего исследователя, сочетающее уверенный совет-указание на путь к корректному поиску, некая степень «разумного гносеолого-методологического давления», сочетаемая с предоставляемой разумной возможностью начинающему поисковику действовать методом проб и ошибок, «набить шишек» и вылечиться.

ЗАКЛЮЧЕНИЕ

Всё содержание книги подробно представляет возможности рефлексивного кодирования педагогического текста и диалогового формата педагогики в целом. Стремление к возможно более корректному представлению педагогического научного диалога и текста будет способствовать как структурированию и чёткому кодированию педагогического знания, приводящих к нему процедур, так и вытекающих из общих подходов нормативно-методических рекомендаций научно-исследовательскому педагогическому и практическому образованию. Мы надеемся, что в нашей книге мы смогли проявить читателю тезис *«педагогический диалог – текст – рефлексия» как завершённую триаду*, однако, имеющую потенциал дальнейшего логико-гносеологического развития. Одним из наших выводов является тот, который позиционирует, что теория педагогического поиска сегодня находится лишь в стадии становления, её логико-гносеологические основания в отличие от естественных наук дают лишь возможность *контурного* понимания массы особенностей, проблем и исследовательских задач. На сегодня остаются нерешёнными проблемы, связанные со многими элементами педагогического познания, прежде всего, в ключе теоретическом: как включить в него проблему основ педагогики и выведения из них практически ориентированных следствий, какова степень обоснованности и методологической выверенности его результатов, какова степень их общности, насколько применим метод педагогического эксперимента, как правильно интерпретировать его результаты, наконец, насколько справедлив предпринятый рационалистический фокус рассмотрения самого педагогического познания. Недостаточно исследована и тема готовности полученного научного результата к внедрению в практическую педагогическую деятельность. Однако, мы всячески стремились продемонстрировать и то, что дальнейшее логико-гносеологическое кодирование педагогического знания и поиска вполне возможно и будет адекватным ответом на постнеклассические вызовы научной методологии.

Неисследованное научное поле налицо и ждёт интенсивного приложения сил авторов опытных и начинающих. В тексте книги мы конкретно обозначили множество таких сегментов, требующих дальнейшего исследования, и надеемся, что наши предшествующие книги и это обобщающее рассмотрение заинтересуют как науковедов и методологов, педагогов-теоретиков, так и практиков образования, участвующих в научных исследованиях самого различного жанра. Особый интерес представит данный материал для соискателей кандидатских и докторских учёных степеней по педагогике, а также для студентов, выполняющих выпускные квалификационные работы, как магистерского, так и бакалаврского формата. Авторы книги надеются на продуктивный отклик читающего педагогического сообщества и потому открыты для обсуждения содержания книги, критических замечаний и пожеланий.

По традиции написания книг в приложениях размещают статистический материал, таблицы, справочные данные. Мы в нашей книге от этих традиций уходим и возвращаемся к тому, что нас особенно волнует после её авторского окончания. Как следует из названия, это дискурс научного диалога – сложное до конца не разработанное в науке поле, от которого успешный диалог очень существенно зависит. В некотором смысле мы сейчас даём читателю ориентир того, что он мог бы написать нам в часто присутствующем в конце научных книг разделе: *для заметок*. Иначе говоря, мы ожидаем, что читатель напишет там для себя нечто подобное тому, что мы обсудим.

Стилистическая выразительность (насыщенность) диалога. Мы уже много раз повторяли в основной части и ещё раз произносим: будьте осторожны с научным языком в педагогике, например, потому, что неизбежное соединение строгой науки и публицистичного стиля содержит массу ***метафор***. В ряде случаев они помогают автору сжато выразить то основное, что не должно уйти из сознания читателей. Вместе с тем они помогают читателю понять и осознать «крик души» автора, ещё раз к нему обратиться, вступить с автором в мысленный диалоги осуществить всё то, о чём мы уже писали выше. Как правило, диалог требует быстрого осознания посылов и вызовов участников, формулировки понимаемых партнёрами откликов. Потому метафоричная речь с одной стороны, помогает дискутантам понять друг друга, а с другой, рождает проблемы понимания, которых можно было бы избежать, проблемы искусственные. Желание автора выразить мысль красиво, стилистически и эмоционально привлекательно оборачивается «ребусами»: участник диалога задумывается над смыслом метафоры, а «текущий» диалог продолжает свой бег, выключая задумавшегося.

Настало время перейти к примерам метафоричного языка педагогических научных диалогов. Начнём с метафор – иноязычных заимствований, часто используемых сегодня в педагогических диалогах. Сюжет первый: будущие руководители инновационных проектов из различных вузов в процессе обучения слышат от обучающего посыл о том, что они будут *амбассадорами* новых идей в своих вузах после окончания краткого постановочного обучения. Понять метафору означает уверенно знать, что <амбассадор> образовано от <посольства> (embassy, англ.), а затем быстро перекинуть мост в образование: «амбассадоры» будет истолковано как «посланцы из страны Инноватики» и переведено как «проводники инновационных идей в своих вузах». Масса переходов от метафоры к метафоре с метафорой по пути. А вывод прост: «амбассадоры» – лишь вычурное украшение диалогового текста, желание посылающего такую стилистику проявить знание иностранного языка. Однако, цель диалога от последнего далека.

И масса аналогичных, затрудняющих диалог иноязычных «вставок»: *фидбэк* вместо *обратная связь* (отклик), провоцирующий неуверенно знающего язык слушателя или участника диалога к обиде (мы встречались с таким: *фидбэк* был воспринят как пожелание уйти из диалога, замолчать). Ряд нелепых иноязычных вызовов в диалогах по научной педагогике продолжаем такими перлами как: *инкорпорировано, элиминировано, пролонгировано, триггер научного решения, драйвер проекта, модератор образовательной платформы, бренд* и многие аналогичные другие. Часто иноязычные метафоры участники диалогов выражают их на английском языке, например, «flipped class»: даже знающий английский язык учёный-педагог перевод «перевёрнутый класс» расшифрует с трудом. Понять, что это формат учебного процесса, при котором какое-то время роль преподавателя выполняют ученики или студенты, очень непросто. И бравирование знанием иностранного языка в таких случаях вполне относимо к *остросатирическим комедиям* (эта метафора в отличие от всех предшествующих должна быть понятна без переводов). То, что англомании необходимо в диалогах избегать, читателю, надеемся, ясно. Хотя эта мысль очень проста, но простых решений и выводов, как правило, не замечают.

Теперь перейдём к метафорам на родном языке, и в этом случае подводных камней не меньше. Конечно, заявленное в названии нашей книги «…*невзирая на камни и мели*» тоже метафора, но вполне понятная (например, из одной песни, в которой авторы призывали «*невзирая на камни и мели*, тем не менее плыть по волнам»): проблемы научного диалога должны решаться, надежда на такое решение вполне обоснована. Понятны и такие метафоричные предложения и словосочетания: а) проблемное обучение – *чёрный лебедь* университетской педагогики (редкое явление, трудно вписывающееся в современный образовательный процесс); б) компетентностный подход – *чёрная дыра* отечественного образования (поглощает массу исследовательских сил, но при внедрении ничего конструктивного не проявляет); в) *сухой остаток* рассуждений – кратко выраженный итог, для знающих латинский язык – выражение мысли «*stans pede in uno*»(выражение мысли кратко, чётко – «стоя на одной ноге»); г) использованное выше клише «*ловушки диалога*» – специально используемые участниками способы нечестной интеллектуальной борьбы, приёмы склонения партнёра к собственной точке зрения.

Гораздо сложнее другие метафоры, например: инициатор педагогического диалога, будучи моложе всех остальных участников, *держал их на ковре*. Здесь возможны, как минимум, три толкования: а) инициатор диалога был интеллектуально выше своих собеседников (*ковёр* – низший уровень в аудитории, где происходит диалог); б) инициатор диалога не позволяет соучастникам выйти за рамки темы диалога, увести его в сторону, увильнуть от конкретных ответов на возникшие вопросы (*ковёр* в данном случае ассоциируется с ковром для спортивной борьбы, покидание пространства которого приводит к потере очков); в) инициатор диалога держит соучастников в страхе, напоминает о субординации (*ковёр* в данном случае совпадает с тем, который использован в присловье «вызван к начальству на ковёр»). И при этом не всегда из контекстного окружения метафоричной формы можно точно понять какое из трёх отображённых значений корректно соответствует смыслу слов, используемых кем-либо из дискутантов.

Достаточно сложно перевести на простой язык и такое однозначное с первого взгляда выражение как «*глыба отечественной науки об образовании*». Здесь мы находим два возможных толкования: а) *глыба* – персонаж, осуществивший фундаментальный вклад в обсуждаемую науку; б) *глыба* – аналог мастодонта, мнение которого является устаревшим, тормозящим конструктивное, прогрессивное движение науки вперёд, наконец, *глыба* – то, что стоит на пути научного прогресса; то, что трудно обойти. Аналогичным, относимым к обманчивой простоте толкования является клише «*герменевтический круг*», который часто отождествляется с «*замкнутым кругом*». На самом деле «*герменевтический круг*» есть введённое Г. Гадамером понятие: понимание текста идёт «по кругу» – сначала посредством деления целостного фрагмента на части (детали), а затем агрегирования полученной информации в целостность. «*Замкнутый круг*» – логическое клише, когда от доказываемого утверждения посредством ряда операций субъект приходит вновь к изначальному неразрешённому утверждению (исходный вопрос остаётся нерешённым).

Метафоры – достаточно сложная проблема, особенно для диалога в науке слабой гносеологической версии, но ориентиры корректного метафорирования всё же есть. Являясь эстетическим феноменом, выполняющим психологическую функцию (наглядное, понятное представление информации), а также средством проявления сущности излагаемого участником диалога своим партнёрам, метафора: а) есть скрытое сравнение объектов из разных областей действительности; б) относится к одному, конкретному признаку (одной особенности) соотносимых объектов или явлений; в) не должна повторяться часто, не должна быть изъезженной.

В научном педагогическом диалоге есть и другие способы стилистической выразительности (или стилистической насыщенности), среди которых мы выделили бы **метонимию**. Применительно к науке об образовании ресурс такой выразительности может быть проиллюстрирован диалоговыми клише: а) *читая Макаренко,…*; б) давно наработанные и проверенные методы обучения *пошли под нож*; в) *не дорого ценю я свои достижения в педагогике, но продавать не стану*; г) основная функция педагогики – *трансляция духовного потенциала нации*. Особо мы выделили бы такой приём, как **синекдоха**. Он иллюстрируем такими клише: а) не будем *Иванами, не помнящими родства*; б) мы призываем участников дискуссии *вернуться к родному порогу*; в) за окнами аудитории *вместо серых пиджачков сидели яркие рубахи и задумчивые взгляды их обладателей*. В теории языка известны также **перифразы**. Например, историческая оценка деятельности учёного на конференции, посвящённой его заслугам: *«приученный жизнью без особого страха относиться к тому, что именуется концом пути, учёный <…> почти спокойно вступил в завершающий период своего творчества»*. Или такие краткие перифразы: «такой-то учёный – *отец школьной информатики*» (например, А.П. Ершов или В.М. Монахов) и подобные.

В особом ряду примеров усиления стилистической насыщенности филологи и литературоведы называют **иронию**. Это – троп, адресующийся к контрасту прямого и переносного, а иногда к контрасту противоположности чего-либо высказываемого буквальному смыслу, например: *педагогика – знание, которого нет.* Здесь имеется в виду едкая критика, высказываемая в адрес педагогических научных результатов, способов их обоснованияпредставителями математических и естественных наук. Или такое предложение *о покойниках либо хорошо, либо ничего.* Это – ирония, которая могла бы звучать в диалоге, в котором негативно оценивающий кого-либо из ушедших из жизни участник, не желая обнародовать свой негатив, саркастически употребляет «ничего» (не буду ничего высказывать, спрячу своё негативное мнение). Близким к иронии стилистическим средством повышения выразительности диалога является **риторический вопрос**: *как можно было сказать такое?* (фрагмент высказывания одного из участников диалога). Для выяснения сущности противопоставляемых объектов используется такой диалоговый приём как **антитеза.** Примером является такой фрагмент текста-исповеди учёного-педагога, участвующего в диалоге или интервьюируемого сотрудником какого-либо научного журнала: *«Если бы я мог повторить свою жизнь, начать её заново, я всё равно выбрал бы тот же самый путь, состоящий из рядом находящихся радостей и болей, побед и неудач, радостей свершения и огорчений от тупиков».*

Ещё одним приёмом повышения стилистической выразительности речи участников диалогов является **градация** – последовательность речевых элементов, расположенных в порядке возрастания стилистической значимости: *«из занятия в занятие, из семестра в семестр, из года в год* педагог формирует у студентов (такое-то учебное умение)». Или такой фрагмент речи одного из участников научного диалога по проблемам образования:

«в выступлении моего оппонента (по такому-то вопросу) *всё реальное искажено, вся логика нарушена, здравый смысл стёрт в порошок*». Близким к только что описанному является приём **повтора**. Отобразим его в стихотворной форме как фрагмент речи одного из участников диалога, обсуждающего стиль отношений студента и преподавателя: «*коль казнить, так без рассудка; коль ругать, не час – минутку; коль слова рубить, сплеча; коль учить, так не ворча*». Такой повтор именуется в стилистике анафорой (повторение начальных слов в каждой фразе). В филологии известен и противоположный приём – эпифора, когда повторяются конечные фрагменты фраз (быть может, с изменением, но сохраняющим рифму): «*это – тряска, это – качка; это – маска, – вот задачка; как её нам разрешить, что для этого свершить?*» Завершая перечень приёмов повышения смысловой и эстетической привлекательности диалоговой речи, отметим часто используемые **пословицы и поговорки**. Самая простая «*семь раз отмерь, один раз отрежь*» не может быть принимаема буквально: бесконечное обдумывание, «высчитывание» будущего научного или практического посыла может привести к потере возможности его исполнить, а иногда и к устареванию замысла. Для сферы образования это очень актуально. И обсуждаемая пословица дополняема противоположной: «*кто не рискует, тот успеха не испытает*». Конечно, наши читатели догадываются о более распространённом варианте второй части пословицы (*кто не рискует, тот не пьёт шампанского*).

Подводя итог, мы подчёркиваем важную мысль: *обманчивая простота* и *преувеличенная сложность* выражаемых средствами языка смыслов часто соседствуют и трудно разделимы. Потому используя метафоры и все другие средства стилистической насыщенности, эстетической привлекательности текста речи в научном диалоге, будьте осторожны с языком; это – очень острое орудие, оно раскрывает смыслы ваших посылов соучастникам диалогов (1) и одновременно является средством неосторожного введения слушателей в заблуждения, а иногда приёмом, провоцирующим непонимание и обиды (2).

Стилистика перекрёстного научного диалога в образовании. В основной части книги мы отобразили стилистику такого диалога, включив в неё элементарные односложные: «я утверждаю», «я возражаю», «я обосновываю свой вывод ...», «я не согласен с оппонентом, поскольку .. » и многие подробно раскрытые другие. Гораздо сложнее обстоит дело в случае встречающихся в процессе чтения книг диалогов, адресующихся к представленным в текстах оценкам одними учёными мнений других. Такие диалоги, как минимум, включают в свои поля четырёх участников, среди которых: читатель, автор читаемой им книги и два учёных, оценивающих мнения и выводы друг друга на страницах книги. Здесь пересекаются и рефлексируются умозаключения и выводы двух цитированных на страницах книги исследователей (мыслителей), результат такого пересечения получает оценку автора читаемой книги и попадает под огонь критики самого читающего. Интересным для нас примером стал диалог Э. Фромма и З. Фрейда, описанный на страницах книги М.А. Лукацкого, представленной в списке литературы в нашей книге [36].

Приведём кратко своими словами содержание такого диалога. М.А. Лукацкий развивает мысль Э. Фромма о том, что человеку культуры, признающей аристотелевскую логику, чрезвычайно трудно осознать то, что этой логике противоречит (попутно отметим, что в диалог читателя с текстом включается пятый участник – Аристотель). М.А. Лукацкий далее адресуется к фрейдовской концепции амбивалентности (человек *может* испытывать к другому одновременно любовь и ненависть) и выражает мнение о том, что в приведённом сегменте Фромм не согласен с Фрейдом. В результате, не отвергая аристотелевскую логику целиком, отводя ей ограниченное поле действия, М.А. Лукацкий высвечивает частичное несогласие двух мыслителей, сам оставаясь «за кадром»: в явном виде своей позиции Михаил Абрамович не высвечивает, оставаясь нейтральным к спору Фрейда и Фромма (что мы в упрёк автору, безусловно, не ставим). Читателю (пятому участнику диалога) предоставляется право на высказывание своего мнения самому себе, в тишине рабочего кабинета, равно как и право высказать его в своих последующих публикациях. Конечно, согласившись или опровергнув всё прочитанное и осознанное, или высказав «нечто среднее». Такая читательская задача – очень сложная: читатель должен знать аристотелевскую логику, книги Фрейда и Фромма, владеть умениямивключённого чтения книг, с карандашом или каким-либо современным цифровым средством в руках (имеется в виду книга М.А. Лукацкого) и чтения перекрёстного. Он должен иметь терпение остановиться в процессе чтения книги, собирающей три диалога в целостность, обратиться к книгам Аристотеля, Фрейда и Фромма (также в сложном перекрёстном формате), а затем вернуться к синтезирующей интерпретации современного философа [36]. Трудолюбие, пытливость ума, терпение к не понимаемому, способность отойти на время от проблемы, спокойно её обдумать и вновь к ней вернуться, вступить в диалог с интересующимися аналогичными темами коллегами, получив интеллектуальное наслаждение от проделанной работы – такова палитра качеств читателя-исследователя, сопряжённая с палитрой самых ярких эмоций, вставшего на путь полноценного научного диалога в области образования. Мы не ставим себе задачу испугать такого читателя, – наша задача включить его в науку.

Теперь о стилистике перекрёстного диалога. В ней представлены элементарные, похожие на обычную диалоговую стилистику клише: «*автор N утверждает…*», «*автор M согласен с первым в …*», «*автор N опровергает автора M в части …*» и ряд аналогичных других. Перекрёстная стилистика добавляема оценками в синтезирующей книге, находящейся перед глазами читателя (она в разобранном выше примере нейтральна, иногда отсутствует, что в упрёк мы никому не ставим). Добавляя мысленно в книгу «перед глазами» материал за её авторов, предположим, что будут уместны такие развёрнутые фразы: а) «*мы согласны с автором M, позиция автора N не выглядит для нас убедительной, поскольку…*»; б) «*несогласованность позиций двух авторов, обсуждаемых в книге «перед глазами», мнимая: их взгляды вполне могут дополнять, а не отрицать друг друга*»; в) «*позиция автора M не совсем понятна, потому отрицание им мнения автора N склоняется к эмоциям, не подкреплённым рациональным опровержением*»; г) «*критика автора N в адрес концепции автора M поддерживаема рядом поздних работ авторов <…>, но сформулировать однозначную собственную позицию мы затрудняемся*»; д) «*критика автора M в адрес автора N продолжаема (операцией логического следования) и приводит к такой ситуации, когда ни согласиться с критикой, ни опровергнуть её невозможно*». И конечно, множество других самых неожиданных и разнообразных вариантов, требующих серьёзной научной подготовки читателя, эрудиции, знания логики, умения корректного анализа, сравнения, интерпретации, и конечно, умения кратко выражать свои мысли. Мы полагаем, что для того, кто жизненный выбор в пользу науки об образовании сделал, призыв «учиться ежедневно, включённо, скрупулёзно...» вполне понятен.

Вновь о логике научного диалога в образовательной области. Финал предшествующей части параграфа вплотную подводит нас к завершающей части, в которой мы добавим логику, отображённую в основной части книги. Конечно, перечитать основную часть при этом очень желательно, несмотря на отсутствие времени. Затем чтобы сформулировать вытекающий из книги из предшествующей части послесловия вывод: педагогика сегодня находится в очень сложных условиях. По части логики в педагогике вполне достойно выглядит эмпирическое обоснование результатов: если обучающая методика проявляет повышение уровня сформированности умений студентов, от есть основания рекомендовать её к внедрению. Исследовательскому корпусу следует подтянуться в плане корректности обоснований (об этом в основной части книги написано). Исследовательскому педагогическому сообществу следует подтянуться и в плане обоснований контекстуальных: что, в каких условиях и контекстах произнёс авторитет от педагогической науки и/или практики, какие возможности переноса его высказывания в современность – всё это вполне сегодня осиливаемо. В плане теоретического обоснования ситуация кардинально плачевнее, но вины педагогов-исследователей в этом нет. Пока физиологи, нейробиологи, нейролингвисты и все учёные с приставкой «нейро» не поймут, как работает человеческий мозг, конструировать педагогические теории смысла нет. Если чуть мягче, возможные теоретические построения будут предлагать выводы весьма вероятностные и гипотетичные. Движение наук «нейро-...» к пониманию закономерностей функционирования мозга ощутимо, и несмотря на то, что полученные ими результаты носят характер промежуточный, использовать их можно. И педагогической науке в междисциплинарном формате срочно сказать своё слово необходимо. Хотя эта задача значительно труднее, чем та, о которой шла речь в перекрёстном диалоге: требуется синтез исследовательских усилий учёных из различных областей знания, способность транслировать результаты практики, оперативно создавать методическое обеспечение теоретических проектов.

В заключение несколько слов о той части теоретического обоснования, которая связана с логикой. Многое об этом сказано в основной части книги, и в телеграфном формате это можно было бы объединить фразой: ***предъявите ваши аргументы!*** ***Предъявите корректно, если обнаружили ошибку, постарайтесь её исправить***. Теперь в неподробном, публицистическом, немного ироничном формате ещё раз вернёмся к любимому ремеслу: приведём примеры логических ошибок в диалогах. Начнём с ***ошибок, связанных с тезисом (1).*** Рассуждение: «*движение вечно; хождение в школу – движение, следовательно (=>) хождение в школу вечно*». Этот пассаж обусловлен многозначностью и нечёткостью языка: *движение* в первой части свелось к одному из его типов (движение = ходьба в школу). Уже этот краткий пример иллюстрирует наш призыв к участникам педагогических диалогов: осторожнее обращайтесь со словами, чётко определяйте тезисы, которые следует обосновать или доказать.

Ещё одной важной для завершающего фрагмента книги является ***ошибка в аргументах (2).*** Приведём пример. Аргумент: *Вы знаете всё, что Вам нужно.* Заключение (тезис): *Если Вы чего-нибудь не знаете, это Вам не нужно.* Логическая формула для такого случая: *если верно А, то верно В. Если неверно В, то неверно А, что равносильно первому высказыванию.* Логика рассуждения верна, однако, неверна исходная посылка. Наконец, ***ошибка в выводах (3).*** Пример: *женщина отдаётся науке, когда ей <…> больше нечем заняться.* В скобках <…> более складно звучащее, известное в житейской стилистике, но не употребляемое в научно-публицистической. Следует ли из этого, что *если женщине нечем заняться, то ей надо отдаться науке?*

Ответ очевиден: ошибка в выводах. А возвращаясь к советам нашим учёным читателям: учите логику, используйте её аккуратно. И всем содержанием книги, мы надеемся, это подтвердили. Если нет, то мы готовы наш труд продолжить. Но уже в рамках другой книги.

ЛИТЕРАТУРА ПО ТЕОРИИ И МЕТОДОЛОГИИ ПЕДАГОГИКИ ДЛЯ НАЧИНАЮЩЕГО ИССЛЕДОВАТЕЛЯ

1. Бабанский Ю.К., Журавлев В.И., Розов В.К. и др. Введение в научное исследование по педагогике: Учебное пособие для студентов пед. институтов/ Под ред. В.И. Журавлева. – М.: Просвещение, 1988. – 239 с.
2. Баксанский О.Е. Когнитивные репрезентации: социальные, повседневные, научные. – М.: Изд. Дом «Ленанд», 2009. –304 с.
3. Богуславский М.В. История педагогики: методология, теория, персоналии. – М.: ИЭТ. 2012. – 568 с.
4. Ботвинников А.Д. Организация и методика педагогических исследований. – М., 1981. – 43с.
5. Бордовская Н.В. Педагогическая системология. – М.: Дрофа, 2009. –456с.
6. Большой психологический словарь / Сост. Мещеряков Б., Зинченко В.–М.: Олма-пресс, 2004.
7. Вайс Й. Проблема онаучивания социального мира // Общественные науки современность, 1992. №6. с. 96.
8. Герасимов Н.Г. Структура научного исследования: Философский анализ познавательной деятельности в науке. М: Мысль, 1985. –215 с.
9. Гершунский Б.С. Россия: образование и будущее (кризис образования в России на пороге XXI века). – Челябинск, 1993. – 240 с.
10. Гинецинский В.И. Основы теоретической педагогики. – СПб, 1992. –288 с.
11. Громкова М.Т. Педагогика и психология высшего образования. – М.: Юрайт, 2005. – 458 с.
12. Гуманитарные технологии преподавания в высшей школе / Под ред. Т.В. Черниковой. – Волг.: Изд-во ВГПУ, 2012. – 347 с.
13. Загадка человеческого понимания. Над чем думают и работают философы. Под ред. А.А. Яковлева. – М.: Политиздат, 1997 – 230 с.

14. Загвязинский В.И., Атаханов Р. Методология и методика социально-педагогического исследования. – Тюмень, 1995. – 98 с.

15. Загузов Н.И. Докторские диссертации по педагогике: 1937–1994 гг.: Научно-справочное издание. – Краснодар, 1995. – 100с.

16. Загузов Н.И. Подготовка и защита диссертации по педагогике. – М.: Ореол-Лайн, 1998. – 192 с.

17. Запесоцкий А.С. Технологические и методологические основы современного гуманитарного образования. – СПб.: Изд-во Университета профсоюзов. – 2004. – 544 с.

18. Зинченко В.П. «Живое знание» как философский и филологический феномен // Вопросы психологии, №5, 2012. с.45 – 67.

19. Ильин В.В., Калинкин А.Т. Природа науки: Гносеологический анализ. – М.: Высшая школа, 1985. – 230 с.

20. Карлов Н.В. Путь познания. – М: Воскресенье, 1998. – 256 с.

21. Колшанский Г.В. Контекстная семантика. – М.: Наука. 2002. – 256 с.

22. Кондаков Н.И. Логический словарь-справочник. – М: Наука, 1975. – 720 с.

23. Коржуев А.В., Попков В.А. Очерки прикладной методологии процесса вузовского обучения. – М: Изд-во МГУ, 2001. – 352 с.

24. Коржуев А.В., Садыкова А. Р. Общенаучные основы педагогики и педагогического поиска. –М.: Либроком (URSS), 2010. – 300с.

25. Коржуев А.В., Садыкова А.Р. Педагогический поиск: время перемен. – СПб: Нестор-история, 2018.

26. Котарбиньский Т. Трактат о хорошей работе. – М.: Мир, 1975. – 298с.

27. Кохановский В.П. Философия и методология науки. – Р.-на-Дону: Феникс, 2004. – 476 с.

28. Краевский В.В. Методология педагогики: современный взгляд. – М.: Изд. Центр «Академия», 2009. – 364 с.

29. Краевский В.В. Педагогическая теория: Что это такое? Зачем она нужна? Как она делается? – Волгоград: Перемена, 1996. – 86 с.

30. Кыверялг Л.А. Методы исследований в профессиональной педагогике. – Таллин: Валгус, 1980. – 334с.

31. Кун Т. Теория структуры научных революций // Перевод с англ. – М.: Мир, 1980. – 342 с.

32. Лакатос И. Фальсификация и методология научно-исследовательских программ. – М.: Мир, 1970. (Перевод с венгерского), – 245 с.

33. Леднев В.С., Краевский В.В., Полонский В.М., Штульман Э.А. Требования к диссертациям по педагогическим наукам. – М: ВАК (Экспертный совет по педагогике и психологии), 1990. – 20 с.

34. Ломакина Т.Ю., Дзюбенко С.В. Развитие исследовательских компетенций современного учителя. – СПб.: Нестор-История. 2017. –205 с.

35. Лук А.Н. Психология творчества.– М.: Наука. 1979. – 378с.

36. ЛукацкийМ.А. Методологические ориентиры педагогической науки. – Тула: Гриф и К, 2011. – 450 с.

37. Михеев В.И. Моделирование и процесс измерения в педагогике. –М.: Ленанд. 2008. – 289 с.

38. Мартиросян Б.П., Рубцова Н. Е. Центры инновационного развития Российской академии образования // Педагогика, №9, 2013. с. 34–46.

39. Новиков А.М. Как работать над диссертацией: Пособие для начинающего педагога-исследователя. – 2-е изд., перераб. и доп. – М.: Педагогический поиск, 1996. –123 с.

40. Новиков А.М. Методология образования. – М.: Эгвес, 2002. – 320 с.

41. Новиков А.М. Основания педагогики. –М.: Эгвес, 2011. – 204 с.

42. Новиков А.М. Словарь системы основных понятий: педагогика. –М.: Эгвес, 2012. – 345 с

43. Новиков А.М. Я – педагог. –М.: Эгвес, 2011. -123 с.

44. Новиков А.М. Российское образование в новой эпохе. – М.: Эгвес. 2009. –345 с.

45. Новиков А.С. Философия научного поиска. – М.: Ленанд. 2010. – 435 с.

46. Педагогическая энциклопедия. М.: Изд-во «Наука», 1999. – 764 с.

47. Педагогический поиск: опыт, проблемы, находки / Под ред. М.Н. Скаткина. – М.: Педагогика, 1987. – 238 с.

48. Перегудов Ф.И., Тарасенко Ф.П. Введение в системный анализ.– М.: Высшая школа, 1989. – 389 с.

49. Полонский В.М. Оценка качества научно-педагогических исследований. – М.: Педагогика, 1987. –144 с.

50. Полонников А.А. «Семиологический поворот» в педагогических науках // Высшее образование в России, №10, 2017. с. 45 – 56.

51. Попков В.А., Коржуев А.В. Избранные проблемы педагогического исследования. – М.:Янус-К, 1999. – 104 с.

52. Попков В.А., Коржуев А.В. Рефлексивные стратегии познавательной деятельности в высшем профессиональном образовании. – М.: Инст. управления образованием РАО, 2004. – 200с.

53. Прохоров Е.П. Методология – предмет новой парадигмы социологического знания // Социс, 1994. №3. – с. 38–39.

54. Роботова А.С. Кто я: педагогический оптимист или пессимист? // Высшее образование в России, №10, 2017. – с. 34–44.

55. Солодова Е.А. Новые модели образовательного процесса. – М.: Ленанд, 2011. – 342 с.

56. Сериков В.В. Педагогическая реальность и педагогическое знание. – М: Ред.-изд. Дом РосНОУ, 2018. – 292 с.

57. Фейерабенд П. Избранные труды по методологии науки. – М.: Прогресс, 1986. – 542 с.

58. Философия и методология науки: Учебное пособие для студентов высших учебных заведений / Под ред. В.И. Купцова. – М.: Аспект-пресс, 1996. – 551 с.

59. Философская энциклопедия: В 5 т. – М.: Сов. энциклопедия, 1965–1968.

60. Философский энциклопедический словарь. – М., 1983. – 896 с.

61. Философско-психологические проблемы развития образования/ Под ред. В.В.Давыдова. – М: Педагогика, 1981. – 176с.